持たない　ためこまない　使いまわす

家事がラクになるシンプルな暮らし

中山あいこ

はじめに

私はずぼらで飽きっぽい性格です。
面倒なことやつまらないことは、続きません。
だから毎日の家事を、ラクに楽しんでやりたい！

でも、どうやって？

そう思いながら日々を過ごすうちに
「私の楽しみ＝工夫すること」
なんだと気がつきました。

それはたとえば
「古着を捨てないで、おもちゃを作ろう」とか
「取り出しやすい場所に掃除機をおこう」とか
本当に小さなことばかりですが

自分なりのほんの少しの工夫によって
毎日のルーティンワークを新鮮に感じ
わくわく・ドキドキ、楽しい気持ちが生まれます。

そして、その工夫によってものが厳選され
だんだんと暮らしがシンプルになっていきました。

本書では、わが家のありのままの生活を
綴っています。

早起きをすること
心をこめてごはんを作ること
部屋を整えること
感謝の気持ちを伝えること
時間・お金・もの・資源
限りあるものを大切につかうこと

当たり前のことばかりかもしれないけれど
ていねいにひとつひとつ積み重ねて
暮らしを楽しみたい。
そんな気持ちで、毎日を過ごしています。

本書を手にとってくださった方にとって
楽しく暮らすためのヒントに少しでもなれば
本当に嬉しく思います。

はじめに　2

忙しい毎日を
ていねいに過ごすために
私が大切にしていること　8

第1章
台所仕事を楽しむ
小さな工夫

毎日たくさん使う便利な白いふきん　14
料理がうまくいく優秀な鍋　16
料理効率を上げるキッチン収納　18
毎日の料理が楽しくなるキッチン道具　20
食費の無駄をなくす冷蔵庫のマイルール　22
中が見えるガラスの容器は便利　24
料理の色が映える白いお皿　25
台所の汚れはその日のうちにリセット　26
気持ちのいい一日は何もないテーブルから　28

第2章
家族が笑顔になる
毎日のごはん

旬の食材で元気が出る朝ごはん　30
思い立ってから2時間で焼き上がる
野生酵母のパン　34
アレンジしていろんなパンを楽しむ　36

素材にこだわった体にやさしいおやつ 38
作るのも待つのもワクワクの梅シロップ 42
夏も冬も甘酒で腸美人に 44
簡単！ 自家製の手打ちうどん 45
ホーローひとつでつくる
おいしい無添加味噌 46
作りおきでアレンジを楽しみます 48
食材は最後まで捨てないで使いきる 50
時間がないときの定番メニュー 52
素材の味を引き立たせる調味料を選ぶ 54
天然素材のだしで深い味作り 56
体を整える三年番茶をいつもポットに 57
毎日の食卓に乾物を取り入れる 58
いろんな種類のお豆をよく食べます 59
家族の体をつくる食材選び 60
香味野菜はひと手間かけて保存する 61
家事は無理をせず
今は子育てを
いっぱい楽しみたい 62

第3章 心地よく暮らすための片づけ

持ち運びができるかごは収納に便利 66
指定席を決めれば探しものがなくなる 68
押し入れの中もきちんと整理 70
服の枚数と種類をスマホで管理 72
洗面所は、ものを外に出さない 74

好きな収納用品だと、扱いもていねいになる　76
書類はできるだけデータ化して処分　78
持ちものは時々全部出して見直す　79
玄関は「家の顔」。いつもすっきりきれいに　80
あまり見ないテレビは箱の中に収納　82
シンプルで軽い桐の小箱は子ども用の収納に　83
目ざわりな配線をスッキリ収納する　84

第4章
ストレスのないシンプル家事

人にも地球にもやさしい石けんを家じゅうで使う　86
毎日を乗りきるためのタイムスケジュール　88
汚れをためない掃除のコツ　90
部屋干しを快適にする　91
家事をラクにする工夫　92
大掃除でなく週一回の小掃除　94
職人の手作りほうきで掃除がもっと楽しく　98
グリーンは私の生活の一部　99
ストレスのない家計管理法　100
冷えを防いで病気にならない身体に　102
赤ちゃんにゆっくり気持ちよく寝てもらう　104
白いリネンで毎日を気持ちよく　106
肌に負担の少ないものを選ぶ　108

第5章 あるものを生かす 長く大切に使う

古い鋳物のミシンで手作り 110
お気に入りのシャツをリメイク 112
針も糸も使わない手作りストール 114
おんぶひもの草木染め 115
娘のために布おもちゃを手作り 16
物を無駄にせず最後まで使いきる 118
洋服も小物もメンテナンスで長持ち 120
ホーローの小物を自分で修理する 122
形を変えられる家具は便利 123
家具はメンテナンスして美しさを保つ 124

おわりに 126

構成／臼井美伸（ペンギン企画室）
撮影／中山あいこ、柳原久子
デザイン／ MARTY inc.（yoshiaki&minako）
本文 DTP ／ Lingwood
編集／別府美絹（xknowledge）

忙しい毎日を
ていねいに過ごすために
私が大切にしていること

家事は、少しでも「素早く・ラクに」できる方法を考える

私は面倒くさがりな性格なので、「いかに家事を素早くこなせるか」を常に考えています。片づけや整理が面倒だから、ものは少なく。掃除がラクになるよう、道具をすぐ手に取れる場所に。食器洗いや洗濯は、ひとつの石けんで使いまわす……。そんなふうに、自分の負担にならず、長く続けられる方法を探します。

家事の時間が短くなったぶん、家族や友達と過ごしたり、自分の趣味や仕事をする時間を有効に使いたいと思っています。

旬の素材を取り入れ どんなときも 心をこめて作る

忙しいときも、料理は「心をこめて、ていねいに」といつも考えています。身体は食べたものでつくられるから、旬を意識しながら、安心・安全な食材を選ぶよう心がけています。食事もおやつも自分で手作りすれば、材料がわかっているので、安心。平日は時間が限られているので、簡単に作れるものばかりですが、休日は子どものリクエストを聞いて、一緒にメニューを考え、時間をかけて手作りを楽しみます。

お気に入りの 本当に使う ものだけを持つ

ものが多ければ多いほど、管理も整頓も大変。欲しいものがあってもすぐには買わず、まずは「本当に必要なのか。持っているもので代用できないか。家にあるもので作れないか」を考えて、たくさん持ちすぎないよう心がけています。以前は、使う用途ごとに全部

何度も見直して より心地のいい 暮らしを探す

毎日の家事や暮らしに、ゴールはありません。時の流れとともに、家族、年齢、仕事、環境が変わり、生活スタイルが変化していくと、必要なものや愛用品も少しずつ変わっていきます。だからいつも「このやり方がベスト」とは思わず、「今」に焦点を合わせて、何度も暮らしを見直すことにしています。失敗したり後退することもあるけれど、トライすることを楽しみながら、これからも心地のよい暮らしを追求し続けていくつもりです。

そろえることが当たり前でしたが、少ないもので快適に暮らそうと工夫をすれば、なくてもいいものはたくさんあると気がつきました。本当に気に入って選んだ、必要なものだけを、大切にお手入れしながら使いたいと思っています。

第1章
台所仕事を楽しむ小さな工夫

毎日たくさん使う便利な白いふきん

毎日の台所仕事に欠かせない、大切な白いふきん。私は「びわこふきん」とリネンのふきんの2種類を使っています。

「びわこふきん」は、台拭きと食器洗いに使っていますが、ほとんど洗剤を使わなくてもキレイに落ちます。リネンのふきんは、洗った食器や調理道具を拭いたり、テーブルナプキンとして口元を拭いたり（ティッシュを使わずにすみます）、パン作りなど調理に使うこともあります。

白いふきんは汚れが目立つので、「どこが汚れているか」「キレイに洗えているか」を目でしっかりと確認できます。どちらもすぐに乾くので、どんどん使ってどんどん洗っています。真っ白で清潔なふきんは気持ちがいいです。

「びわこふきん」は洗いものや拭き掃除に

朝光テープの「びわこふきん」は、「ガラ紡」という凸凹で編まれた糸が、油や汚れを取りこむため、ほとんど洗剤なしで食器洗いができます。食器洗いや台拭きに使ってくたびれてきたら、掃除用の雑巾として、ボロボロになるまで使っています。

リネンのふきんは調理にも使う

リネンのふきんは「カリエンテ」のもので、パンを焼くときなど調理にも欠かせません。亜麻色と白の２色を愛用していましたが、使って洗ってをくり返し、だんだん色が落ちて、いつの間にか全部真っ白になっていました。

時々煮洗いして真っ白に保つ

果汁のシミなど落ちにくい汚れは、酸素系漂白剤（過炭酸ナトリウム）を使って漂白します。煮洗いをするときは、吹きこぼれやすいので必ず弱火で。泡がもこもこしてきたら火を止めて、しばらく置いておきます。

▶

火を止めたあとに落としぶたをしておくと、お湯が冷めにくくふきんが浮き上がらないので、しっかり漂白できます。

料理がうまくいく 優秀な鍋

鍋は4つ持っていて、全て「ジオ・プロダクト」のものです。煮るだけでなく、焼く・揚げるにも活躍。焦がしたり、空焚きしてしまったこともあるけれど、洗ったらちゃんと元通りピカピカになってくれて、使用感もずっと変わりません。

熱伝導率が高く、無水調理ができるので、野菜は、栄養素と旨味を逃さず短時間でゆで上がります。保温効果も高いので、煮物を余熱で調理すると、味がゆっくりしみこんで、煮崩れもしません。

料理がうまくいくと嬉しいし、省エネで美しいデザイン、丈夫なことも魅力です。これからもきれいに磨いて、大切に使い続けたいと思います。

内側は熱伝導性に優れたアルミニウム、外側は保温性に優れたステンレスの全面7層構造。オーブンに入れて調理もできます。

熱のまわりが
早くて優秀

無水調理は、水に溶けやすい野菜の栄養分と旨味を逃がしません。余熱調理だと煮崩れしにくく、ガス代も節約できます。

くすんできたら
重曹で磨く

「くすんできたな」と思ったら、重曹に水を混ぜてペースト状にしたものを、「びわこふきん」につけて磨きます。以前、焦がしてしまったときは、重曹を入れた水を沸騰させてから火を止めて数時間放置。その後「びわこふきん」で優しくなでたら、焦げがスルスルととれました。

料理効率を上げるキッチン収納

うちの台所は、シンクとコンロの間が60センチしかないので、調味料や調理道具を出しっ放しにしていると、あっという間に作業スペースがなくなってしまいます。だから、調理台やコンロ周りには、普段はものを置かないようにしています。そして効率よく料理するために、「本当に使うものだけを持つ」「動線を考えて、使う場所のそばに収納する」「さっと取り出せるように収納する」を意識しています。

何も出ていない台所は、作業スペースを広く使えるだけでなく、掃除もラクチンです。

ふきんはシンクの上

ふきんは濡らして使うので、シンクの上に収納しています。手を伸ばせばすぐに届く位置です。

食器はシンク・調理台の下

食器棚は持たず、流し台の下に収納しています。食器を低い位置に収納していると、落ちて割れる心配がありません。

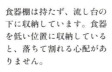

冷蔵庫の上に箸やカトラリー

箸やカトラリーは、冷蔵庫の上のブレッドビンの中に収納しています。箸は全部同じなので、組み合わせを選びません。

乾物は調理台の上

乾物や粉ものは透明の密閉容器に入れ、在庫がひと目でわかるように管理。粉ものは賞味期限が分かるよう、袋ごと入れています。

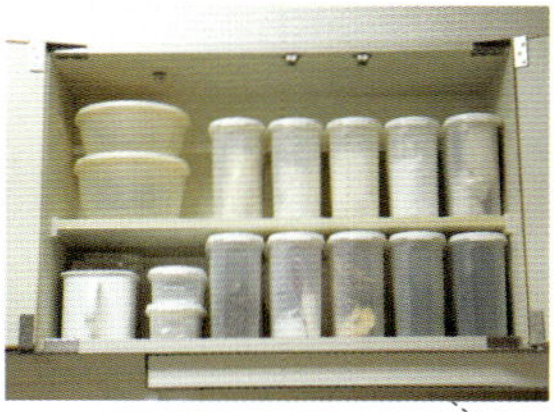

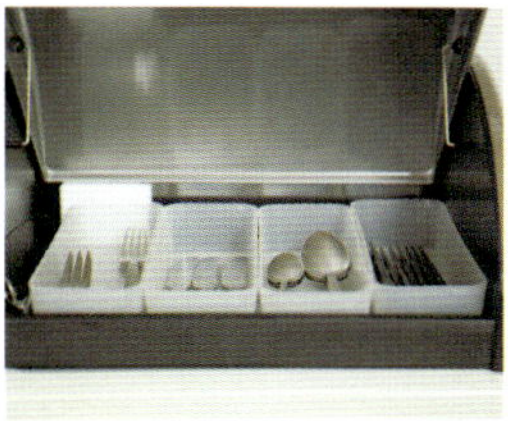

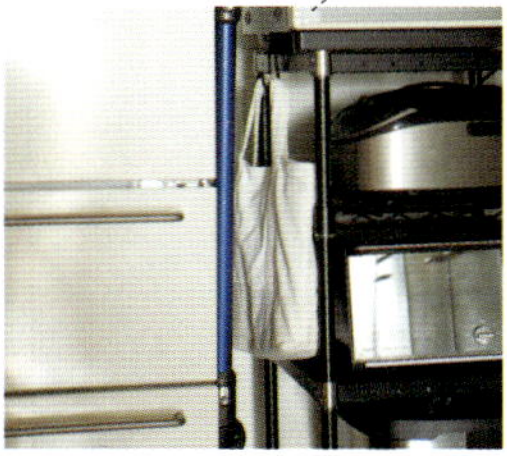

食卓の近くに書類・プリント

学校に出す書類や、郵送する書類などは、筆記用具と一緒に手提げかばんの中に。しまいこむと忘れてしまうので、早めに処理します。

鍋や油はコンロの下

４つの鍋と１つのフライパン、油類、塩・コショウ、ごまのミルなどを収納し、コンロの周りには何も置かないようにしています。

毎日の料理が楽しくなるキッチン道具

「あったら便利そうだな」と思う調理道具はたくさんあるけれど、お手入れが大変なものや収納の出し入れが面倒なものは、結局あまり使わなくなってしまいます。だから、道具は自分に合うものを厳選して、多く持ちすぎないようにしています。

包丁やおたまなどのキッチンツールのほかに、「サーモス」の保温ポットも、私にとってなくてはならない大事な道具です。お気に入りの道具があると、毎日の台所仕事がますます楽しくなります。「壊れにくい・洗いやすい・使いやすい」など実用的で、なおかつ「見た目が美しい」、そんな自分好みの道具と、長くつき合っていけたらいいなぁと思います。

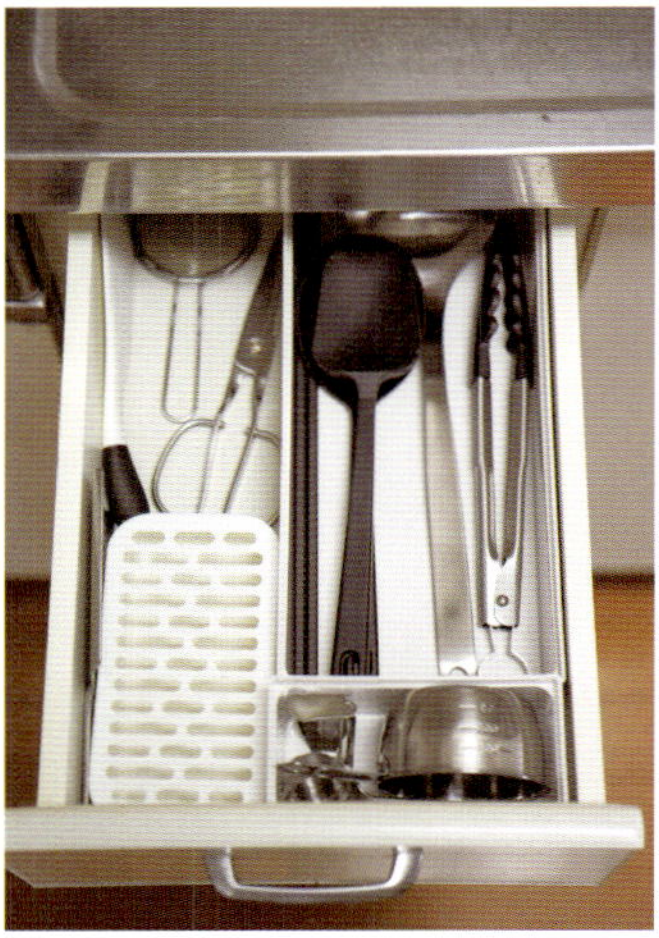

「無印良品」の
ステンレス製のザルとボウル

ザルは足がついているので水切れがよく、ボウルと重ねて収納できます。ボウルは1つだけですが、たりないときは食器や保存容器で代用しています。

ツールはすぐ手が届く
引き出しに収納

キッチンツールは、手が届きやすい一番上の引き出しにしまっています。以前は、引き出すたびに中で動いてごちゃごちゃになっていましたが、「トトノ」というトレーを2つ使って整理したら、解決しました。

「サーモス」の
保温ポットは便利

朝お茶を沸かしたらこのポットに入れておき、日中も温かいお茶を楽しみます。豆を戻したり、甘酒を作るのにも便利。ピクニックにも持って行けるし、中まで手が届いて洗いやすいところもお気に入り。

①「柳宗理」のおたまは鍋底の角まですくいやすく、持ちやすい。②「ヴィヴ」のシリコン菜箸は、水切れがよく衛生的、揚げ物もできる。③「無印良品」のシリコーン調理スプーンは、混ぜる・炒める・すくうなど万能。④「クイジプロ」のトングは、麺類に。⑤「グローバル」の包丁研ぎは、研ぎやすく省スペース。⑥「ピールアピール」のピーラーは、コンパクトで扱いやすい。⑦「オクソー」のしゃもじは、ご飯がくっつきにくい。⑧「柳宗理」のホイッパーは、素早くきめ細かく泡立つ。⑨「鳥部製作所」のキッチンばさみは、簡単に分解して洗えるので衛生的。⑩「グローバル」のペティーナイフ 13cm と三徳包丁 18cm は、切れ味がよく、取りまわしのいいサイズ。⑪「工房アイザワ」のおろし金。水で流すだけできれいになる。

食費の無駄をなくす冷蔵庫のマイルール

食べものを無駄にしたくない、そして、なるべく新鮮なものを食べたいという気持ちから、冷蔵庫の回転率をよくするためのルールを作りました。

・死角にものを置かない
・中の見える容器を使う
・入れすぎない

おかげで庫内が見やすくなって、存在を忘れて腐らせたり、二重買いすることがなくなりました。残った食材は味噌汁やカレーの具にして、できるだけ使いきってから買い物に行き、食材を一度に買いすぎないことも心がけています。冷蔵庫に入れすぎないことは、食材の無駄を減らし、節約にもつながります。

1段目左側のタッパーには、味噌と煮干しが入っています。2段目の手前にはいつも空きスペースをつくっておき、鍋や炊飯器の内釜を置けるようにしています（P.56参照）。3段目のホーロー容器は、ぬか漬け用です。

死角にものを置かない

前後にものを並べると、奥のものが取り出しづらくなります。また、見えづらくなるので、うっかり存在を忘れ、腐らせてしまうことにもなりかねません。なので、冷蔵庫の中では見えない場所にものを置かないのが私のルールです。

使うものだけしか入れない

調味料は、お気に入りのものだけに厳選しています。風味がとんでしまう前に使いきれるサイズを選び、ドレッシングや麺つゆは必要なときにその都度作るので、ドアポケットにも余裕があります。

残り少なくなって出にくいマヨネーズやケチャップは、マグカップに逆さに立てて収納。

お米も冷蔵庫に

食味の低下、虫やカビを防ぐために、玄米も冷蔵庫保存しています。野菜室がおすすめだとお米屋さんに聞きました。

長く冷凍しない

肉や魚、パン、うどん、刻んだ油揚げ、皮をむいたニンニク、かつおぶし・煮干・昆布のだしガラなどを冷凍。味や鮮度が落ちてしまう前に使いきるよう意識しています。

中が見える ガラスの容器は便利

食品の保存容器は、汚れが目立つように白か透明を選んでいます。ガラスの容器は、プラスチックに比べて色やにおいがつきにくく、煮沸消毒できるので衛生的で、フタを開けなくても中身を確認できるので便利です。

「セラーメイト」の密封びんは、広口なので中まで手が届き、金属部分は簡単に分解できるので、隅々まできれいに洗うことができます。大きいほうには、旬の果実のシロップなどを仕込みます。小さいほうには、調味料を作って保存しています。塩麹や醤油麹、ハーブオイルや塩レモンなど、今回は何を作ろうか、ワクワクしながら考えています。

「IWAKI」のガラス容器

積み重ねることができ、電子レンジ・オーブン・冷凍庫・食洗機でも使用OK。見栄えがよいので、フタをとってそのまま食卓に出せるところも魅力です。

「セラーメイト」の密封びん

粉末から液体まで幅広く使えます。金属部分はサビに強いステンレス製のため、果実酒や甘酢漬けも保存可能。広口なので中まで手が届き、分解できるなど洗いやすいところもお気に入りです。

100均のボトル

シンプルな色と形が気に入って、100円ショップで購入しました。持ち手つきなので開けやすく、梅干しや万能調味料（P.55）など、少量のものを保存するのに使っています。

料理の色が映える白いお皿

白い食器の上に、作った料理を盛りつける作業がとても好きです。子どもたちには、視覚でも「おいしい」を感じてもらいたいなぁと思っています。

食器は、「イッタラ」の「ティーマシリーズ」を愛用しています。形がそろっていると食洗機に並べやすいし、積み重ねて収納できるのでとても便利です。

食器は料理や食事を楽しく豊かにしてくれるもの。使いきれないほどの食器は必要ないけれど、もしもこれから先、素敵な食器に出逢えることがあったら、ゆっくりと買いたしていきたいと思っています。

プレートは3サイズ

3サイズを3枚ずつ、合計9枚を使いまわしています。もう何年も毎日使っているので、よく見ると小さい傷はたくさんついているけれど、割れにくくて頑丈です。

スープボウルは2サイズ

内側はすべて白なのですが、外側は色々なデザイン。「マリメッコ」とコラボのもの、いつかの季節限定品など、どれも可愛くて少しずつ集めたもの。

台所の汚れはその日のうちにリセット

台所の汚れは、時間がたつとこびりついて掃除が大変です。私は料理の最中も、コンロ周りや冷蔵庫の取っ手、調味料のびん底など、あちこちを拭いています。その都度サッと拭く作業は、慣れるまで少し面倒ですが、簡単にすんなりと汚れが落ちるので、こびりついてから掃除するよりも、すごくラクチンです。

夕食の片づけの最後に、シンクの中やタイルの壁、調理台前の床を拭いて、おしまいです。ふきんは多めにストックしているので、汚れたら惜しみなくどんどん取り替えます。

丸見えのキッチンだからこそ、きれいにしておきたいし、清潔な台所で気持ちよく料理したいと思います。

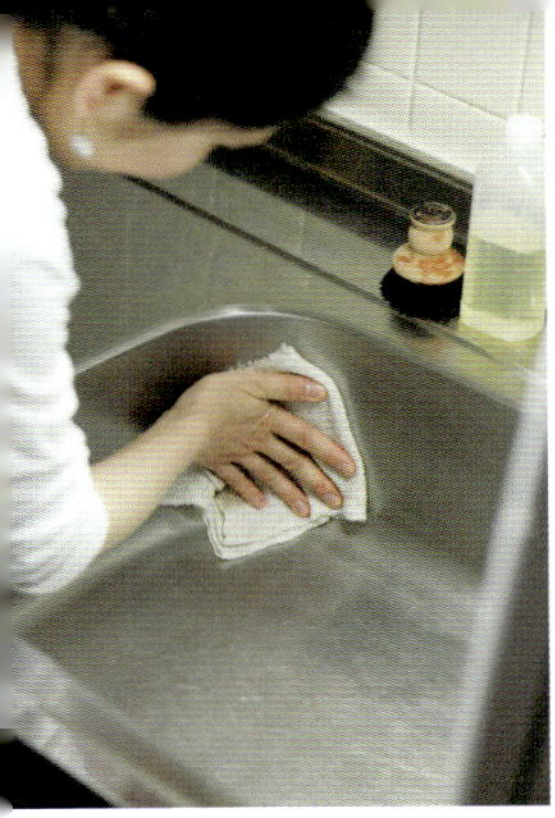

「びわこふきん」でシンクや壁を拭く

「びわこふきん」で拭くと、汚れが落ちたかどうかが手の感触で分かります。壁には油や調味料が飛んで汚れているので、しっかり拭きます。シンクの中も、傷つけずピカピカに磨くことができます。

排水口は、備えつけのゴム製のフタと深型のゴミ受けを外し、代わりに浅型のステンレス製受け皿を2つ購入。毎日交互に食洗機で洗って乾燥させています。ゴミがからまりにくく、ぬめりもなくいつも清潔です。

週1回は床全体を拭く

食べこぼしなどで汚れたところは、その都度部分的に拭き掃除をします。でも週に1度はすべての椅子を上にあげて、椅子の脚と床全体を、古い「びわこふきん」でゴシゴシ。拭き掃除をしてきれいになった部屋は、とても気持ちがいいです。

気持ちのいい一日は何もないテーブルから

外から帰ったときにほっとできる家、気持ちのいい部屋が理想です。だから、「出勤時間までにテーブルの上をすっきり片づけること！」が、私の毎朝の小さな目標です。

本当は、家じゅうがすっきり片づいているのが一番ですが、出勤前にはそこまでの余裕がない日も多いです。少しハードルを下げて、せめてここだけは毎日頑張ろうと思っています。

テーブルは、ごはんを食べる以外にも、みんなでしゃべったり、読書をしたり、テレビを見たり、息子が宿題をしたり、パソコンをしたり、縫いものをしたり……。わが家の生活の中心です。いつでも気持ちよく使えるようにしておこうと思います。

第2章
家族が笑顔になる
毎日のごはん

旬の野菜を使う
煮物はまとめて多めに作っておく
子どもが喜ぶ果物かデザートを一品添える
食べやすいおにぎり
味噌汁かスープは毎日具を変えて
手作りのぬか漬け

旬の食材で元気が出る朝ごはん

自分も働いているし、子どもも育ち盛りなので、朝はできるだけしっかり食事をとるようにしています。朝ごはんはいつも、ワンプレートに盛りつけます。見た目が可愛くて、配膳も片づけも簡単だからです。

メニューは前日に、だいたい決めておきます。みずみずしく新鮮な旬の野菜を使いたいな。海のものも山のものも取り入れたいな。子どもが好きな味つけにしよう。……そんなふうに、ワクワクしながら考えています。

私も子どもたちも、食べることが大好きです。おいしい朝ごはんを食べて温かいお茶を飲んだら、パワーがもりもり湧いてきて、今日もきっといいことがありそうな、嬉しい予感がします。

春の献立

新たまねぎの炊きこみご飯、白いんげん豆のポタージュ、高野豆腐の炒め煮、つぼみ菜のごま味噌和え、デコポン

玄米の塩おにぎり、具だくさん味噌汁、セリの肉巻き、春キャベツとワカメのサラダ、煮豆、ぬか漬け、いちご

当座煮は、干ししいたけと生姜入り

玄米おにぎり、新キャベツの味噌汁、新ごぼうの当座煮、おかひじきのごま和え、そら豆、山うどの酢味噌和え、甘夏

アサリのだしがいい香り！

アサリごはんのおにぎり、春カブの味噌汁、ひじきと大豆の煮物、春キャベツのだし酢、黒豆の甘煮、ぬか漬け、はっさく

旬の野菜をたくさん使う

グリンピースごはん、具だくさん味噌汁、たけのこのおかか炒め、アスパラ炒め、キャベツのぬか漬け、いちごヨーグルト

玄米おにぎり、豆腐とワカメの味噌汁、さわらの塩焼き、菜の花とつぼみ菜のおひたし、カブのぬか漬け、いちご

夏の献立

前の日の
ラタトゥイユ
をアレンジ

全粒粉入り手ごねパン、夏野菜カレー、きゅうりとラディッシュのサラダ、焼きカボチャ、梅シロップ入りヨーグルト

黒米&赤米のおにぎり、カボチャの味噌汁、切り干し大根の煮物、酢の物、プチトマト、ブルーベリーのせヨーグルト

玄米ごはん、オクラのスープ、味噌ナスの油揚げはさみ焼き、ピーマンとカボチャのきんぴら、デラウェアとスイカ

スープは
オリーブ
オイルと
バジル入り

しらすと大葉のおにぎり、トマトの味噌スープ、ゴーヤのごま和え、夏野菜ソテー、ポテトサラダ、プラムとプルーン

大葉と梅のおにぎり、キノコの味噌汁、ナスとズッキーニのソテー、オクラとひじきのサラダ、カボチャ、プルーン

鶏肉は
ひと晩タレに
漬けこみ

全粒粉入り手ごねパン、じゃがいもと豆乳のポタージュ、鶏肉のソテー、ラタトゥイユ、びわ

秋～冬の献立

ひじきとにんじんの炊きこみごはん、ねぎと白菜の味噌汁、レンコンのきんぴら、小松菜とにんじんのごま和え、りんご

作りおきの
ナムルを
使って

ナムル入りおにぎらず、菜の花とえのきの味噌汁、芽キャベツと舞茸の炒め物、アピオス、にんじんのぬか漬け、はっさく

煮物は
昨日の
残りもの

菜めし、豆腐とワカメの味噌汁、大根・鶏肉・こんにゃくの煮物、里芋の煮ころがし、サラダ、にんじんのぬか漬け、柿

ごまおにぎり、白菜と油揚げの味噌汁、筑前煮（柚子を添えて）、水菜とワカメのサラダ、大根のぬか漬け、みかん

秋鮭と舞茸の炊きこみごはん、アサリの味噌汁、油揚げ・こんにゃく・にんじんのきんぴら、チンゲン菜おひたし、いちじく

ベランダで
育てた
ラディッシュ

青じそと梅のおにぎり、豚汁、長芋のごま油ソテー、小松菜のごま和え、ラディッシュのぬか漬け、みかん

思い立ってから2時間で焼き上がる野生酵母のパン

普段の食事はお米が中心ですが、パンも大好きです。白神こだま酵母を使った、手ごねのシンプルな丸パンは、少ない材料で、簡単においしく作ることができます。思い立ってから2時間で焼き上がるので、休日の朝ごはんやおやつにもぴったりです。

国産小麦粉を使った無添加のパンは、お店で買うととても高いけれど、家で作ると安くできます。そしてやっぱり、焼き立ては最高においしい！　基本の丸パンに材料をプラスして、ぶどうパン、あんぱん、カレーパン、ピザパンなど、いろんなアレンジを楽しんでいます。

材料

強力粉500g、塩10g、てんさい糖10g、白神こだま酵母ドライ10g、オリーブオイル20g

＊白神こだま酵母は、秋田県の白神山地で発見された野生酵母です。

作り方

① 35度のお湯40ccが入ったコップに、白神こだま酵母を入れて3分おく。

▼

②強力粉、塩、てんさい糖を混ぜ、オリーブオイルとぬるま湯220cc、①を入れて、ある程度まとまるまで混ぜる。ぬれぶきんをかぶせ、3分休ませる。

▼

③ 15分ほど手でこねて、丸くひとつにまとめる。またぬれぶきんをかぶせて発酵させ(一次発酵)、2倍以上に膨らめばOK。室内だと数時間、私は電子レンジでやっています(40度発酵で5分→そのまま10分放置)。

▼

④生地を小分けにして適当に丸める(ひとつ60～70g)。ぬれぶきんをかけて15分休憩。少し膨らんだら今度はきれいに丸めてまたぬれぶきんをかけ、③のように再度発酵させる(二次発酵)。

▼

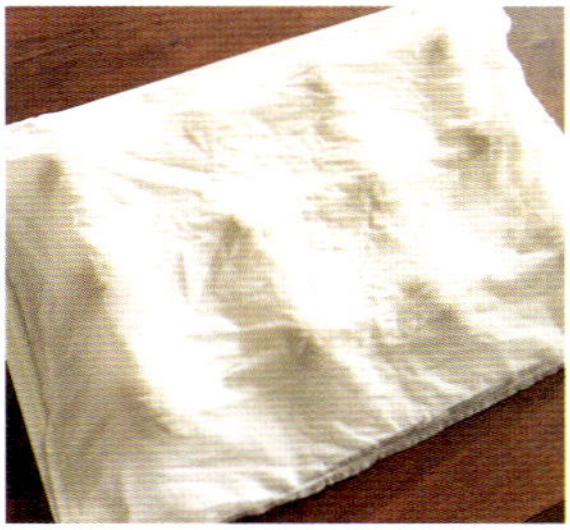

⑤ぷっくりしたら、200度に予熱したオーブンで15分焼く。

▼

できあがり！　できたての味は最高です。準備から焼き上がりまで2時間くらいです。

アレンジしていろんなパンを楽しむ

P.35の④の工程でできた丸パンを、パウンドケーキの型に並べて入れます。上にパラッと小麦粉をふるい、基本のパン同様にオーブンで焼きます。ちぎってみると、中はもっちもち！

ローズマリーを細かく刻んで、オリーブオイルと一緒に混ぜて焼きました。ちぎった瞬間に、爽やかな香りがふわあっと漂います。

ベランダで育てているローズマリーを使いました。摘みたてで新鮮です。

バンズは、基本の丸パンにごまをのせて焼きました。

はさんだお肉は、ひき肉と塩・コショウ、すりおろしニンニクを混ぜて丸くして焼いただけ。最後にフライパンに醤油、みりん、酒、てんさい糖（分量は1：1：1：1）と片栗粉を少し入れてからめて、テリヤキ味に。ポテトは小麦粉と片栗粉（1：1）で揚げました。

作りおきのラタトゥイユで ピザパン

パン生地に、作りおきのラタトゥイユとチーズをのせて、ピザ風のパンを焼きました。休日のお昼ごはんにもぴったり。

冷凍していたあんこで あんぱん

柏餅を作ったときに余った手作りあんこが冷凍庫にあったので、パンに入れて焼きました。

にんじんクッキー

〈材料・2人分〉
全粒粉30g、薄力粉70g、てんさい糖10～30g（好みの量）、すりおろしたにんじん30g、植物油30g（なたね油を使用）

〈作り方〉
粉とてんさい糖を混ぜたら、ほかの材料を加えて混ぜる。生地を伸ばして包丁で切り、フォークで穴を空ける（型で抜いてもOK）。170度に温めたオーブンで25分焼く。

栄養価が高くて香ばしい全粒粉。ビニール袋の中で混ぜて伸ばすと、ラクチンです。

素材にこだわった体にやさしいおやつ

休日は、家でおやつを作ります。

頑張りすぎると続かないから、手作りといっても、気軽にできる簡単なものばかりです。材料も特別なものじゃなく、おかずの残りを使ったり、旬の果物や野菜、寒天など、家にあるものを使います。

手作りのおやつは、見た目も味も素朴だけれど、材料が明確で安心・安全。子どもも喜んで手伝ってくれます。

可愛くできると楽しいし、おいしくできたら嬉しいし、子どもに「おいしい」って言ってもらえたらもっと嬉しくて、また作ろうって思います。愛情をたっぷりこめて、体にやさしいおやつを作っていきたいと思います。

白ごまとおからのクッキー

〈材料・2人分〉

おから100g、薄力粉100g、てんさい糖20g、白ごま適宜、ごま油40g

〈作り方〉

おから、薄力粉、てんさい糖、白ごまを混ぜ合わせ、ごま油と少量の水を加えて生地をまとめる（まとまりにくければ、水をたす）。生地を平らにして、型抜きをする。180度に温めたオーブンで25分焼く。できたてがおいしいです。

黒ごまと生姜のクッキー

〈材料・2人分〉

薄力粉80g、全粒粉20g、てんさい糖20〜30g、黒すりごま20g、油30g（なたね油を使用）、すりおろした生姜20g

〈作り方〉

すべての材料を混ぜ合わせて、生地を平らにして型抜きをする。170度に温めたオーブンで25分焼く。

自然な甘さのてんさい糖。寒冷地で作られる砂糖大根が原料なので、体を温める作用があるそう。

カボチャのパンケーキ

〈材料・2人分〉

カボチャ100g、全粒粉50g、豆乳100g、植物油（オリーブ油、ごま油など）5g、くるみ適量、てんさい糖大さじ2

〈作り方〉

カボチャをゆでてフォークでつぶし、他の材料を合わせて混ぜる。油をひいたフライパンに生地をのばして弱火〜中火で両面を焼く。砕いたくるみをまぶし、てんさい糖シロップ（てんさい糖を半量の水で溶かしたもの）をかける。

国産・無漂白のフレーク寒天。使いやすいので愛用しています。

りんご寒天ゼリー

〈材料・2人分〉

すりおろしたりんご200g、フレーク寒天3g、水100g

〈作り方〉

りんごは芯を除いて皮ごとすりおろし、材料を全部鍋に入れる。かき混ぜながら弱火で3分煮立たせる。冷めて固まったら、スプーンですくって小さな器に盛る。

柿の寒天よせ

〈材料・2人分〉

柿の実300g、水300g、フレーク寒天5g

〈作り方〉

とろとろに熟した柿の皮をむいて、スプーンで実を取り出し、ボウルに入れる。水とフレーク寒天を鍋に入れて沸騰させ、煮溶かしたら柿に混ぜる。好きな容器に入れて冷やし固める。

このくらい熟すまで置いておいたら、スプーンですくってそのまま食べても、シャーベットにしてもおいしい。

おからもち

〈材料・2人分〉

おから100g、片栗粉50g、水150g、植物油少々、みたらしのたれ（醤油、みりん、メープルシロップ各小さじ2）、海苔

〈作り方〉

たれ、海苔以外の材料を混ぜて形を作り、油をひいたフライパンで両面を焼く。軽く焦げ目がついたら、みたらしのたれを加え、両面に色をつけながら煮詰める。海苔を巻いて完成。冷めると固くなるのでお早めに。

近所のお豆腐屋さんで買えるおから。安くて栄養豊富です！

大根もち

〈材料・2人分〉

粗めにすりおろした大根200g、片栗粉50g、薄力粉50g、植物油少々、たれ（醤油、みりん、てんさい糖、水各小さじ2）

〈作り方〉

たれ以外の材料を混ぜて、丸く平たい形を作る。油をひいたフライパンで両面を焼く。混ぜ合わせておいたたれを加え、両面にたれをつけながら煮詰める。ポン酢とごま油でチヂミ風にしたり、かつおぶしと醤油で和風にしてもおいしい。

里芋のおやき

〈材料・2人分〉

ゆでた里芋200g、ごはん200g、植物油少々、味噌だれ（味噌とみりん各大さじ1）、みたらしあん（醤油大さじ1、みりん大さじ2）、海苔

〈作り方〉

里芋とご飯を、熱いうちにしゃもじで潰しながら混ぜ、丸く平たい形をつくる。フライパンに油をひいて両面をこんがりと焼く。味噌だれの材料は合わせて温めておき、食べるときにのせる。みたらしあんは焼くときにからめて、食べるときに海苔をのせる。

作るのも待つのもワクワクの梅シロップ

旬の果物がたくさん手に入ったら、シロップ漬けにします。果物が傷んでしまう前においしさを閉じこめておくと、旬の時期を過ぎても、ゆっくりと長く楽しむことができます。

去年は、梅シロップとレモンシロップを作りました。

てんさい糖が溶けるまで、毎日びんを揺すりながらドキドキわくわく、完成を待ちます。甘酸っぱいいい香りがして、完成を待ちきれず、私は途中で何度か味見をしてしまいました！

できたシロップは、水や炭酸水で割って飲んだり、ヨーグルトに混ぜたり、お菓子作りに使ったり。今年もまた、シロップ作りを楽しむつもりです。

甘酸っぱくていい香り
梅シロップ

梅1kg、てんさい糖1kg、りんご酢100gを保存びんに入れます。毎日びんをゆすって、2～3週間後に梅を取り除いたら完成です。

1週間後くらいには、こんなふうになります。

完成したシロップやジャムは、熱湯消毒したびんに入れて、冷蔵庫に保存します。

◀

梅シロップを仕込んでから
17日目に、取り出した梅。

取り出した梅で作る梅ジャム

種を取った梅の果肉300g、てんさい糖150g、水150gを鍋に入れ、焦げないようにかき混ぜながら、弱火で15分煮詰めます。甘酸っぱいいい香り。

梅シロップで作る梅ゼリー

フレーク寒天（または粉寒天）5gと水500gを鍋で煮立てて、寒天が溶けたら火を止めます。梅シロップ100gを混ぜて、好きな型に流しこみ、冷まし固めます。冷やしても常温でもおいしいおやつです。

ドリンクにもケーキ作りにもレモンシロップ

国産のレモンが手に入ったら、レモンシロップを作ります。スライスしたレモンと同量のてんさい糖をガラスびんに入れるだけ（2ℓのビンなら、700gずつが目安）。びんをゆすりながら、まずドリンクで楽しもう、それからレモンケーキも作りたいなぁ〜などと考えをめぐらせます。

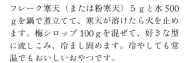

甘酒

鍋で湯を沸かしていったん火を止め、60度まで冷ます。そこに湯と同量の米麹を入れ再び加熱し、65度まで温度を上げる（これ以上温度が高いと甘くならずに失敗してしまうので、注意)。保温ポットに移すと60度くらいになるので、フタを閉めて8時間以上置けば、できあがり。

甘酒と豆腐のアイス

すっきり自然な甘さとシャリシャリ感が、たまらなくおいしいです。

〈材料〉
甘酒200g、豆腐200g（絹ごしでも木綿でも・軽く水をきる)、飾り用ミント（あれば)

〈作り方〉
材料をハンドミキサーで混ぜて冷凍する。冷凍庫から出して15分後ぐらいが食べごろ。

夏は、甘酒と無調整豆乳を１：１に混ぜて飲むのがお気に入りです。

夏も冬も甘酒で腸美人に

おいしくて栄養豊富な甘酒が大好きです。そのまま飲んでもおいしいし、冬は生姜を入れたり、夏は豆乳割りにしたり。息子は、甘酒はそのままだと「甘すぎる」と言うのですが、豆乳で割ると飲みやすくなるようで、ゴクゴク飲んでいます。

夜寝る前、保温ポットに仕込んでおくと、朝にはおいしい甘酒ができあがっています。できたての甘酒は最高です。

甘酒には、腸内環境を整え、酵素が消化吸収を助けるという効果があるので、夏バテ予防にもいいそうです。腸の健康は、身体全体の健康につながるし、肌の調子も左右するので、発酵食品を普段から積極的にとりたいと思います。

簡単！自家製の手打ちうどん

「うどんを麺から作るなんて、大変じゃない？」と、私のブログを見て驚いていた友達。でも「簡単だからぜひやってみて」と勧めたら、後日「おいしくできたよ！」と、写真を送ってきてくれて、とても嬉しくなりました。

本当に簡単で、家にあるものを使って30分でできあがります。ツルンツルンで、コシがあって、買ってきたうどんよりもおいしいと、子どもにも大好評。時間に余裕があるときは買わないで作ることが多くなりました。

パンやおやつもそうですが、家庭で手作りしたものには、よく分からない添加物が入っていないから安心だし、できたてのおいしさは最高に贅沢だなぁと思います。

かけうどんにも、ざるうどんにも。伸びやすいので、食べる直前にゆでるのがおすすめ。

〈材料・2人前〉
中力粉 200ｇ（薄力粉 100ｇ＋強力粉 100ｇでも OK）、塩 10ｇ

作り方

①粉と塩を混ぜ合わせる。水 90ｇを加えて混ぜ、ひとつにまとめ、手でこねる。生地がある程度なめらかになってきたら丸めて、乾燥しないようにフタ（またはラップ）をして 15 分以上休ませる（この間につゆや具の準備）。

▼

②打ち粉（薄力粉 50ｇくらい）を広げ、生地を綿棒で伸ばす（生地を２つに分けるとやりやすい。私は粉が広がらないよう、オーブンの天板の上でやります）。

▼

③ 3 ㎜厚さに平たくした生地を三つ折りにして、包丁で細く切る。沸騰したお湯で 13 分ほどゆで、冷水でよく洗ってぬめりをとる。

子どもと一緒に

友達の家に集まって、子どもも一緒にみんなで味噌づくりをしました。それぞれの家でじっくり寝かせたら、今度は味噌の試食会。さらに楽しみが増えました。

ホーローひとつで作る おいしい無添加味噌

以前、友人に手作り味噌を分けてもらい、あまりのおいしさに感激して、それをきっかけに私も手作りするようになりました。

家の中や手のひらには〝常在菌〟が存在していて、味噌を作るときにその菌が一緒に混ざるので、同じ材料で作っても、家庭によってそれぞれ全く違う味になるのだそうです。だから、家庭で作った味噌は、その家庭だけの味。買うよりも安く、少しの手間で作れて、とってもとってもおいしい！

「家族が喜んでくれる、おいしいお味噌ができますように」と願いをこめて、これからも、わが家の味を作り続けたいなと思います。

作り方

①大豆はよく洗い、3倍量のきれいな水にひと晩つけておく。水を替えて火にかけ、アクをとりながら柔らかくなるまで煮る。その間、ボウルで麹に塩（200g）を混ぜておく。

▼

②大豆をザルにあげ（煮汁はとっておく）、冷めたらホーロー容器に戻して、手で潰し（道具を使ってもよい）、麹の入っているボウルに入れて、混ぜる。煮汁をたしながら、耳たぶくらいの柔らかさになるまで混ぜ合わせる。

▼

③野球のボールくらいの大きさに丸め、清潔なホーロー容器に叩きつけるように入れる。間に空気が入らないよう、均等に強く押しつけて詰めこむ。

▼

④表面が平らになるよう、手のひらで整える。ラップをピッタリとかけて、重石の塩（800g）を入れたビニール袋を表面を覆うように載せる。容器の縁を消毒して密封し、涼しい場所に保管する。

材料（味噌2kg分）

米麹500g、大豆500g、塩1kg

できあがり

半年以上置いたらできあがり。表面にカビがあるなら取り除き、ヘラで底のほうからよくかき混ぜます。

野田琺瑯のラウンドストッカー18㎝を使いました。大豆を煮る鍋、混ぜるボウル、保存容器の一台三役。3kgまで仕込むことができます。

・きんぴら

きんぴらチャーハン

きんぴらを食べやすい大きさに刻みます。ごはんと溶き卵を混ぜて、刻んだきんぴらと一緒に、パラパラになるまで炒めます。味がたりなければ、塩・コショウで調節を。時間がないときの夕ごはんにも。

作りおきでアレンジを楽しみます

朝ごはんを作るついでに、日持ちするおかずを多めに作って、作りおきにしています。以前は、週末にまとめて作りおきをしていたこともあったけれど、結局続きませんでした。作るときの量を多めにするだけなら手間は変わらないので、今のやり方のほうが自分に合っているみたいです。

作ったおかずは一部冷凍したり、ちょこっとアレンジしておやつや夕ごはんにしたり。

自分が子どものころに食べていたものや、母に作ってもらって嬉しかったものを、自分の子どもにも伝えていけたらいいなと思います。子どもに好評だった、作りおきのアレンジレシピをいくつかご紹介します。

・切干し大根の煮物

おやき（5個分）

おから100g、片栗粉50g、水気をきった切干し大根の煮物150g、水50gを混ぜて、丸く平たい形をつくります。油をひいたフライパンで両面を焼いたら、できあがり。

・カボチャの煮物
・焼きいも

カボチャとさつまいものサラダ

カボチャの煮物と、おやつの焼きいもを合わせてサラダに。スライスして水にさらしたたまねぎと、マヨネーズを混ぜるだけで、おいしい一品になります。

・おでん

カレーうどん

おでんの残りつゆに、豚小間・にんじん・ねぎ・カレー粉・冷凍うどんを加えただけの簡単メニュー。おでんの具から出た旨みがたっぷり。息子曰く「おでんも好きだけど、おでんのあとのカレーはもっと好き」。

・ひじきと大豆の煮もの

ひじきコロッケ

じゃがいもをゆでて皮をむいてつぶし、ひじき煮と混ぜて丸めて、衣をつけて揚げます。私は煮物の味だけで十分おいしいと思いますが、ものたりない場合は塩・コショウで調節を。

だしがらで作るおかか昆布

〈材料〉
細く切った昆布、かつおぶし、水1/2カップ、醤油大さじ1、みりん大さじ1、酒大さじ1、砂糖大さじ1/2～1（調味料を2倍にするとしっかり味になります）、白ごま適量

〈作り方〉
全ての材料を鍋に入れ、弱火で水分がなくなるまで煮る。ごまをかけてビンに入れ、冷蔵庫で保存する。

食材は最後まで捨てないで使いきる

野菜の皮の部分は栄養が豊富なので、なるべく無農薬のものを買って、皮ごといただくようにしています。でも料理によっては、皮や端っこは除いたほうが扱いやすいことも。

そういう野菜はフードプロセッサーでみじん切りにして、カレーやパスタ、餃子など、いろんな料理に混ぜて使うことにしています。食べきれない分は、冷凍しておきます。

だしをとったあとの昆布、かつおぶし、煮干しなどもためておいて、佃煮やふりかけなどを作ります。捨てたらゴミになってしまうけれど、おいしく食べれば栄養豊富で、節約にもなるし、環境にもやさしいと、いいことづくめです。

調理しにくい外側の皮や端っこも、もったいないので捨てません。

フードプロセッサーで細かく刻んで、すぐ使わない場合は冷凍しておきます。

野菜の端っこのカレー

大根やにんじんの皮、キャベツの芯の固い部分、ブロッコリーの茎の外側、ねぎの緑色の固い部分、生姜やニンニクの残りなどの刻み野菜を、カレーを作るときに混ぜます。栄養もボリュームもあって、いろんな野菜の甘みでおいしくなります。

大根の葉のおにぎり

さっとゆでて絞った大根の葉を細かく刻み、塩を加えて油で炒め、水分をとばしてからごはんに混ぜて、朝食のおにぎりに。根菜の葉っぱには栄養がたっぷりなので、かぶの葉なども全部いただきます。

にんじんの葉の卵焼き

にんじんの葉は細かく刻み、塩・白ごまを加えてフライパンで炒めて、水分をとばします。卵焼きに入れるほかに、ごはんにふりかけたり納豆に混ぜることもあります。

にんじんの葉は、かつおぶしや醤油、じゃこと一緒に炒めてもおいしく食べられます。

時間がないときの定番メニュー

平日は、仕事のあと娘を保育園に迎えに行って、帰宅後に夕ごはん。息子も習いごとで忙しいので、なかなかゆっくりできません。ササッと作れて、ササッと食べられて、しっかりボリュームがある丼ものは、そんなわが家の夕ごはんの定番です。

あとは、作りおきおかずと具だくさんのお味噌汁。お味噌汁は、朝たっぷり作っておいて、夜はワカメや豆腐、油揚げ、薬味など、冷蔵庫にあるものを少しプラスします。

夜の家事は、できるだけラクにしたいと思っています。私も子どもたちも、一日外で過ごして疲れているので、無理をせず、翌朝また元気に動けるようにパワーをためておきます。

野菜とひき肉のパスタ

ひき肉とナス、ピーマン、たまねぎなど、冷蔵庫にある野菜をフライパンで炒め、欧風だし、ケチャップ、ソースの順に味つけして、ゆでたパスタをからめるだけで完成です。

パスタは有機全粒粉、欧風だしやケチャップ、ソースは化学調味料不使用のもの。

味つけはシンプルに
焼肉丼

豚肉とたまねぎを炒め、醤油とみりんで味つけします（塩・コショウだけのシンプルな味つけでもおいしい）。ごはんの上にたっぷりレタスを敷き、その上に炒めたものをのせて、半熟卵を添えます。

火を使わずにできる
しらす丼

ごはんの上に、刻み海苔、しらす、かつおぶし、オクラ、納豆、たたいた梅干しをのせるだけ。もしものたりなければ醤油で味つけを。

素材の味を引き立たせる調味料を選ぶ

料理の味つけはできるだけシンプルに、食材そのものの甘みや苦みを楽しみたいと思っています。だから調味料を買うときは、「質のいいものをほんの少しだけ」と決めています。選ぶ基準は、できるだけ添加物のない国産（外国産なら有機栽培）のもの、そして価格が高すぎないものです。

ドレッシングやめんつゆは、必要なときにその都度作ります。

ドレッシングは、「酸味」「油」「塩分」の3つを適当に組み合わせます。たとえば、「レモン汁」＋「オリーブオイル」＋「醤油」というふうに、いろんなパターンを楽しんでいます。めんつゆは、干ししいたけとかつおぶし、昆布を、前日から水に浸して冷蔵庫に入れておくと、とびきりおいしいだしがとれるので、それに醤油、みりんを加えてつくります。

そしていつも冷蔵庫に常備しているのが、自家製の万能調味料。すごく簡単なものですが、唐揚げの下味からチャーハン、パスタ、サラダ、お肉料理など何にでも使えて、頼りになります！

酸味

内堀醸造の「美濃有機純りんご酢」はジュースにしてもおいしい。「レモンの泉」は、広島・瀬戸田産の国産レモンの絞り汁100%。

油

国産なたね100%の「オーサワなたね油」。スペイン産「カルボネール」のオリーブオイルは、まろやかな味わい。松本製油の「玉締めしぼり胡麻油」は自然な風味。

塩

「海の精」の「国産有機生しぼり醤油」と「やきしお」。塩は伊豆大島産100%。醤油は非加熱なので、乳酸菌や酵母菌、酵素が生きています。

その他

旨味やコクをたしたいときに使う、「三州三河みりん」。無農薬有機栽培のもち米、米麹、焼酎のみが原料。

レモン塩と塩麹

レモン塩は、細かく切ったレモンと塩を混ぜるだけ。塩の分量は、レモンの20%くらいです。肉料理、魚料理どちらにも合うし、パスタに使ってもおいしい。塩麹や醤油麹もときどき作ります。肉を漬けこむほかにも、塩や醤油代わりにいろんな料理に使います。

万能調味料

醤油と生姜・ニンニク・大葉のみじん切りをびんに入れるだけ。朝食にも使えるよう、ニンニクは控えめに。みじん切りする前に野菜の水分をよく拭きとれば、かなり日持ちします。

万能調味料：酒＝１：２のタレに鶏肉を１時間以上漬けておいて、片栗粉をまぶして揚げると絶品の唐揚げに。

かつおぶし削り

子どもと一緒に頑張って挑戦していますが、短くなったり、厚くなったりと、なかなかきれいな削りぶしができません。練習して、うまく使いこなせるようになりたいなぁと思います。

お味噌汁のだし

鍋に、水、昆布、煮干しを入れ、そのまま冷蔵庫へ。翌朝、ザルを外すだけでお味噌汁を作り始められます。18㎝の鍋に、「無印良品」のザルがぴったりサイズ。

天然素材のだしで深い味作り

晩ごはんの片づけが終わったら、翌朝のお味噌汁に使うだしの準備をします。といっても、鍋に水、昆布、煮干しを入れて、フタをして冷蔵庫に入れるだけ。火にかけなくてもこれだけで、翌朝にはおいしいだし汁ができあがっています。煮出す必要もなく、手間なし簡単。水出しの場合は煮干しの頭をとらなくてもいいし、煮出さないので魚の臭みもなく、それでもしっかりだしがとれていて、とってもおいしいお味噌汁を作ることができます。

最近、実家に眠っていたかつおぶし削り器をもらって使い始めました。でも薄く長く削るのは難しくて、子どもと一緒に練習をしているところです。削りたてのかつおぶしでいただくおかかごはんの味は、格別です。

体を整える三年番茶をいつもポットに

朝起きたら、まず三年番茶を沸かして、ポットに入れるのが日課。やかんは持っていないので、鍋で沸かします。食後やのどが渇くたびにこれを飲んで、ポットと水筒に入れた分をほぼ一日で飲みきります。

三年番茶は、緑茶の茶葉と茎を天日に干して、3年かけて熟成させて作った番茶です。苦みやクセがないやさしい味なので、私も子どもも大好き。カフェインやタンニンが抜けているので、子どもや妊婦さんも安心して飲めるそうです。

なんだか疲れているなと感じたら、朝ごはんの前にこの三年番茶で「梅醤番茶」を作って飲んでいます。とってもおいしいし、内側から体がポカポカ温まります。

いつも飲んでいる三年番茶は、京都・「播磨園製茶」のもの。農薬や化学肥料に頼らず栽培されたお茶だそうです。

体が温まる「梅醤番茶」

生姜汁3滴、梅干し（中）1個、醤油小さじ1～2を混ぜて、熱々の三年番茶をカップ1杯注ぐだけ。息子は少し薄めて飲みます。風邪予防や疲労回復、頭痛、冷え性などにいいそうです。

自家製のシロップでレモンティー

三年番茶はレモンとも相性抜群。ときどき自家製のレモンシロップ（P.43参照）のレモンを入れ、レモンティーを楽しみます。甘酸っぱくて香ばしくて、息子も大好きです。

毎日の食卓に乾物を取り入れる

乾物は、常温で長期保存できるので、どの季節にも取り入れやすく便利です。そして、食物繊維、カルシウム、ミネラル、鉄分など栄養も豊富。とくに豆は、炊きこみごはんやポタージュ、サラダ、煮物と、様々な料理になじむので、出番が多くなります。

私が子どもの頃も、母がよく乾物料理を作ってくれました。切り干し大根、ひじき、高野豆腐、乾燥豆、干ししいたけ……。私にとって、乾物の煮物は、食べ慣れたほっとする料理です。

自分が母親になった今も、日々の食卓に乾物をたくさん取り入れたいと思っています。旨味がギュッと濃縮されているので、薄味でもおいしく、子どもたちもパクパク食べてくれます。

常備しているおもな乾物。昆布や干ししいたけは、タッパーに入れて保存。切り干し大根、ひじき、高野豆腐は、一度に一袋使いきります。

朝ごはんにも欠かせない

冷蔵庫の食材が少ないときも、乾物は便利。これは高野豆腐とピーマンのチンジャオロース風、金時豆の甘煮を使った朝ごはんメニュー。

いろんな種類のお豆をよく食べます

白いんげん豆のポタージュ

戻した大手亡《おおてぼう》豆（白いんげん豆）を煮て、ポタージュに。炒めたたまねぎと豆乳を加えるとおいしくなります。味つけは欧風だしか塩で、最後に黒コショウを加えます。

（左）使いかけのお豆は、「無印用品」の密閉容器に保存。（右）保温ポットを使うと、煮る時間を短縮できます。ひと晩熱湯に漬けておくと、翌朝には柔らかく。

ぜんざい

小豆200gを洗って1～2回渋抜きをしたあと、保温ポットでひと晩かけて柔らかく戻します。それを汁ごと鍋に移して、てんさい糖100～200gと塩少々を加え（必要なら水も加える）煮るだけ。焼いたおもちをのせます。

金時豆のサラダ

塩ゆでした金時豆を、ゆでたブロッコリー、大根と混ぜて、サラダに。彩りもよくなって、朝のメニューにぴったりです。

家族の体をつくる食材選び

昨年娘を出産してから、生協の宅配を利用するようになりました。「採れたての有機野菜セット」は、旬のものが中心で、自分で選ぶよりも食材が偏りにくいのがお気に入り。今回は何が届くかな、どうやって料理しようかなと、毎週ひそかにワクワクしています。

外食が少ないぶんお金がかからないので、食材の買い物は、値段だけで選ばないで、原材料や製造元を確認します。体は食べたものでつくられるから、なるべく質のいいもの、安心・安全なものを選びたいと思っています。

家族みんながおいしい食事を毎日楽しんで、ずっと健康でいられたら幸せだなあと思っています。

採れたての有機野菜

宅配で届く、旬の野菜がたくさん入った「採れたての有機野菜セット」は、7～8品で1500円前後。自分で選ぶより食材が偏りにくいのが、いいところ。

再利用できる紙パックやビニールなどは、宅配時に回収してもらえます。

香味野菜はひと手間かけて保存する

万能ねぎや大葉、ニンニクなどの香味野菜は、料理の味を引き立ててくれて、彩りもよくしてくれます。

だけど、一度にたくさん使うものではないので、油断していると、食べきれないまま冷蔵庫の中で傷んでしまうことも。そうならないように、買ってきたら一気に全部切って、すぐに使える状態で保存しておきます。

たとえば、万能ねぎは細かく刻んでガラス容器に入れておくと、納豆や冷奴にパッと使えて、忙しいときにも便利。キッチンペーパーで余分な水分をとることで、長持ちさせることができます。

傷みにくい&使いやすい方法で保存して、最後までおいしく使いきりたいと思います。

大葉は瓶に立てて

瓶に浅く水を入れて、大葉を、茎だけが水に浸るように立てて入れます。フタをして冷蔵庫へ。

万能ねぎは刻んで

万能ねぎは刻んでからガラス容器に。たたんだキッチンペーパーをかぶせてから、容器を逆さにして冷蔵庫に保存しておくと、日持ちします。キッチンペーパーは濡れたら交換を。

ニンニクは冷凍庫へ

ニンニクは、一度に少ししか使わないのでどうしても余ってしまいます。皮をむいてガラス容器に入れ、冷凍庫へ。使うときはそのまま刻んだりすりおろします。

ニラは乾かして冷凍

ニラは足が速いので、洗ってからよく水気をとり、3～4㎝に刻んで冷凍します。使うときは、容器をシャカシャカ振ると、パラパラになって使いやすいです。

家事は無理をせず今は子育てをいっぱい楽しみたい

ふたりの子どもはもうすぐ、11歳と1歳になります。去年娘が生まれてからますます慌ただしくにぎやかになり、私自身が子どもたちに成長させてもらいながら、目まぐるしく日々を過ごしています。

家事と子育てを両立できたらいいけれど、両方をうまくやりこなすなんて、私はまったくできていません。子どもの成長はあっという間で、大きくなるにつれしてあげられることはきっと減っていくから、子どもが私を必要としてくれる今のうちに、いっぱい可愛がって、いっぱい子育てを楽しみたい。家事は無理をしないで、そのときできることだけを少しずつ積み重ねていれば、なんとかまわっていくはず。そんなふうに考えています。

家族の幸せは、私の幸せです。それは子どもも同じで、母親が楽しそうにしていたら、子どもも嬉しいと思うのです。だからこそ、家事も子育ても「楽しむこと」が私のモットーです。もちろん、悩みや反省点をあげたらキリがなく、苦しい気持ちになったり情けなくて泣いてしまう日も多々あります。けれど、子どもの成長と、声や笑顔、抱きしめたときの匂いなど、毎日の小さなひとつひとつが愛しく、私の生きるパワーになっています。今ここにある小さな幸せを大切にして、暮らしていきたいと思います。

一日を終えるとき、バンザイのポーズでスースー眠るふたりを見ると、「ありがとう」の気持ちでいっぱいになります。家族みんなが元気で、こうして心穏やかにいられることが、本当にありがたくて嬉しくて、今日も幸せを噛み締めながら眠りにつきます。

第3章

心地よく暮らすための片づけ

持ち運びができるかごは収納に便利

自然素材のかごは、可愛くて、丈夫で長持ち。買い物やピクニックに使うこともあるけれど、収納用品としても使いやすいので、家のあちこちに置いています。

使わないときは、重ねて押し入れの中にしまっておけるし、簡単に持ち運びができるので、据え置きの収納家具を置くよりも、部屋を広く使えます。

空っぽのかごは、友達が遊びに来たときに荷物を入れたり、出ているものをサッと片づけるのにも便利。その時々に合わせて使っています。

手作業でていねいに美しく編まれたかごには、やさしい温かみがあって、使えば使うほど愛着がわいてきます。

洗濯物入れ

このかごは普段は空っぽで、取りこんだ洗濯物を一時的に入れておくのに使います。急な来客時には、出ているものをサッと入れられるので便利です。

おむつ替えセット入れ

布おむつとおしり拭きは、竹のかごにまとめて入れています。一日に何度も使うので、出しっ放しに。赤ちゃんの移動に合わせて、かごも一緒にひょいと持ち運べるので便利です。

様々な形や大きさのかごを使っています。右端の市場かごには図書館で借りた本を、うさぎの入っている丸いボルガバスケットには、娘のおもちゃを入れています。息子の部屋でも、シーズンオフの衣類や学校の道具、おもちゃを入れるのに使っています。

ひとつの箱に１種類

ひとつの箱に１種類と決めているので、箱を開けたときにも見やすいし、取り出しやすいです。左から、家電の保証書（Ｂ５サイズのビニールバッグに入れて二つ折り）、ラベルライター、コード類、買いおきの筆記用具。

指定席を決めれば探しものがなくなる

納戸の中では、「ＩＫＥＡ」の収納ボックスをたくさん並べて使っています。色や形が揃っているだけで、すっきり整って見えます。

ネームタグつきなので、迷子になりやすいこまごましたものの整頓にぴったり。年賀状、バリカン、ラベルライター、コード類、家電の保証書、買いおきの筆記用具……など色々なものをここに収納しています。

その際のルールは、ひとつの箱に1種類ずつ収納すること。たとえスペースに余裕があっても、他のものは混ぜません。そうすると散らからず、取り出すときにもスムーズです。子どもが使いたいときにも、ネームタグを見て、自分で探すことができます。

同サイズの箱でそろえる

黒い箱は「IKEA」のもの（現在は取扱いなし）。同じ収納ボックスで揃えておくと、扉を開けたときにきれいで、すっきり見えます。下左のスーツケースには、私と息子のスキーウェアを収納しています。

年賀状は年ごとに袋に

年賀状は、1年分ずつはがきサイズのビニールバッグ（100円ショップで購入）に入れて、箱の中に並べています。もらった手紙やはがきは、なかなか捨てられません。読み直すときのために、きちんと整頓してしまっています。

押し入れの中もきちんと整理

収納棚の扉を閉めたら見えないところも、きれいに保ちたいと思っています。扉を開けたときに中がきちんと整っていると、家族も自分も気持ちがいいからです。ときどき押し入れのふすまを全部外して、拭き掃除と整頓をします。

うちにはクローゼットも洋服ダンスもないので、押し入れをクローゼット代わりにしています。また、収納庫の扉やお風呂のフタなど、使わないけれど捨てられないものは、押し入れの奥の見えない場所に保管しています。

使いやすく美しい収納が理想です。ものが多いほど整頓が大変になるので、不要なものは持たず、余白のある収納を目指したいと思います。

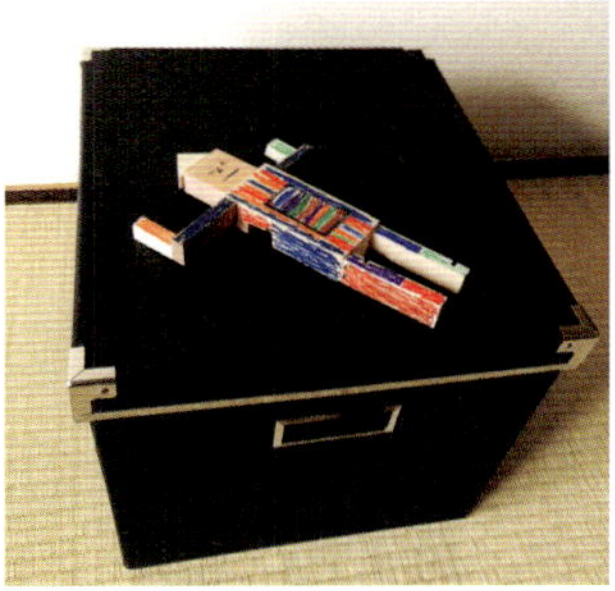

子どもの作品は思い出ボックスに

子どもの描いた絵や作品、トロフィーや賞状などは、捨てたくないけれど場所をとるので、全部とっておくことはできません。まずは本人と一緒に写真に撮り、しばらく部屋に飾ったあとは、この「思い出ボックス」の中に。ボックスに入らなくなったら、選んで処分します。

いらない扉を外して押し入れの奥へ

息子の部屋の収納庫の扉は、使わないので外して押し入れの奥へ。賃貸物件なので、捨てられません。その上に、使わないお風呂のフタものせて保管しています。

シーズンオフの服

シーズンオフの洋服や、結婚式用の服など出番の少ない服はここに。突っ張り棒を設置して、衣装ケースの中に吊るし収納しています。

思い出ボックス

私と息子の思い出ボックスと、娘の思い出ボックスになる予定の空の箱。そして残りのひとつには、予備の収納グッズなどが入っています。

洗濯物のかご

夕方、洗濯物を取りこんだら一時的にここに入れておきます。

私の服、小物

衣類やストールは立てて収納。開けたときにひと目で見渡せるし、取り出しやすくなります。

娘の絵本

絵本が大好きな娘のために、スペースをつくりました（P.83参照）。

娘の服

娘の衣類は、今のところ引き出しひとつ分に収まっています。小さくなったら友達にどんどんまわすようにして、無駄に眠らせないよう心がけています。

娘の紙おむつ

ふだんは布おむつを使っていますが、夜寝るときや遠出をするときは、紙おむつを使うこともあります。

洋服の枚数と種類をスマホで管理

洋服を選ぶときの条件は、「着心地のよいもの、体型に合うもの、お手入れしやすいもの、ベーシックなもの」、そして、「今の自分が本当に好きなもの」この5つが揃っていることです。

普段着は、一枚ずつ写真を撮って、スマホで管理しています。服の数（写真の枚数）が表示されるので持ち数を把握できるし、色や柄の好み・偏りがひと目で分かります。「黒いカットソーはこれ以上いらないな」など、服を購入するときにも役立ちます。

限られた枚数でも、組み合わせを変えたり小物を合わせたり、自分なりの着まわしができたらいいな。厳選したお気に入りを、ヨレヨレになるまで着倒したいと思っています。

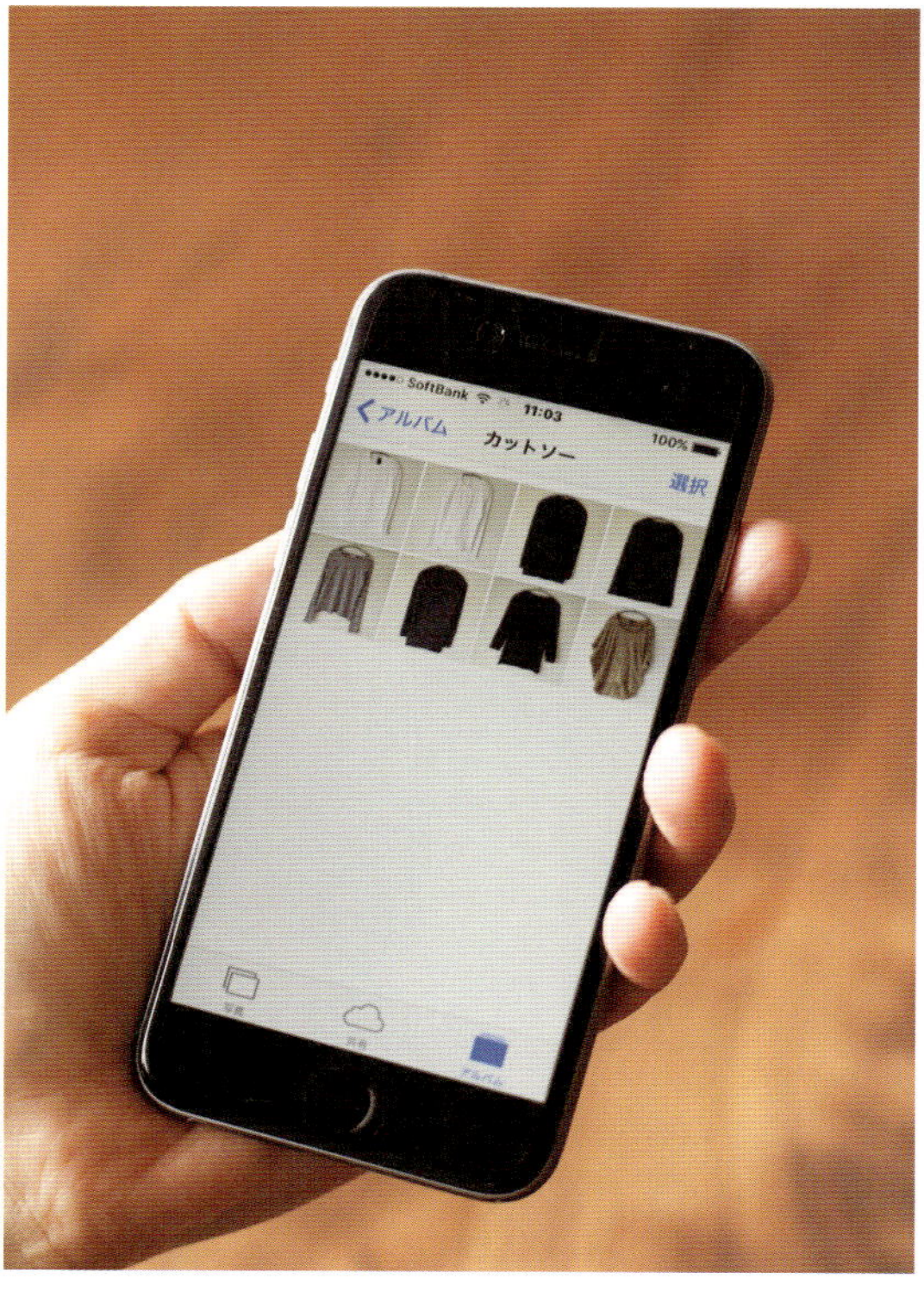

アイテムごとに
スマホのアルバムに

カットソー、アウター、パンツ、スカートなど、アイテムごとにフォルダを分けています。たとえばカットソーは、1年を通してこの8枚。夏でも日焼け・冷房対策で長袖を着ることが多いので、半袖は1枚だけです。

シンプルな服に小物を合わせて楽しむ

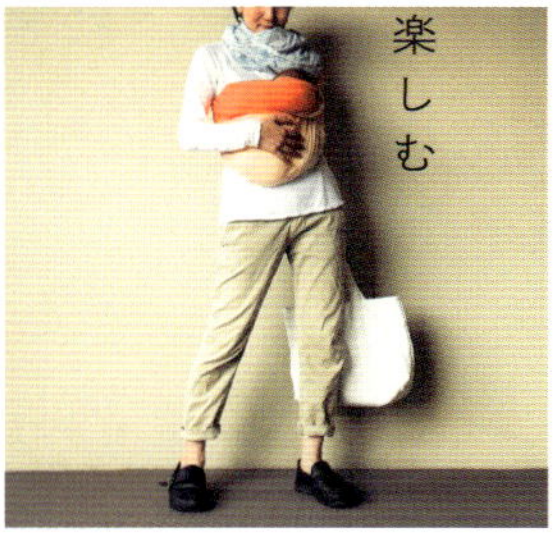

ストールが大好きで、夏でも必ず巻いています。洋服は無地やボーダーのシンプルなデザインばかりなので、ストールで柄や色を楽しみます。帽子や靴、カバンなど、小物を色々組み合わせて、おしゃれを楽しんでいます。

息子の運動靴は一足だけ。たくさん買っても、結局息子は一番好きな靴しか履きません。予備は持たず、必要になったときにすぐ買いに行きます。

子どもの服は着るものだけに

子どもの服は、肌触りがよく洗濯しやすい素材で、上下どの組み合わせでも合うように選んでいます。1～2年でサイズアウトするので、買いすぎないことも心がけています。

洗面所の収納は、洗面台の下、ワゴン、洗濯機の脇の棚の３カ所。必要なものは、十分に収まります。

洗面所は、ものを外に出さない

以前は「見せる収納」に憧れて、やってみたこともあります。けれど素敵に飾るのはなかなか難しくて、それに、ズボラな私には掃除がラクなほうが向いているので、今は「見えない収納」が中心です。

洗面所でも、ものを外に出しすぎないよう心がけています。ものが出ていないと掃除がしやすいので、清潔な空間をキープできます。

歯ブラシ、化粧水など、使う頻度が高いものは出したまま。ドライヤーは待機電力ゼロなので、コンセントに挿したままです。しまうときにコードを巻く手間もなく、ラクチンです。あれこれ小さな工夫を試して、暮らしを少しずつ快適にしていきたいです。

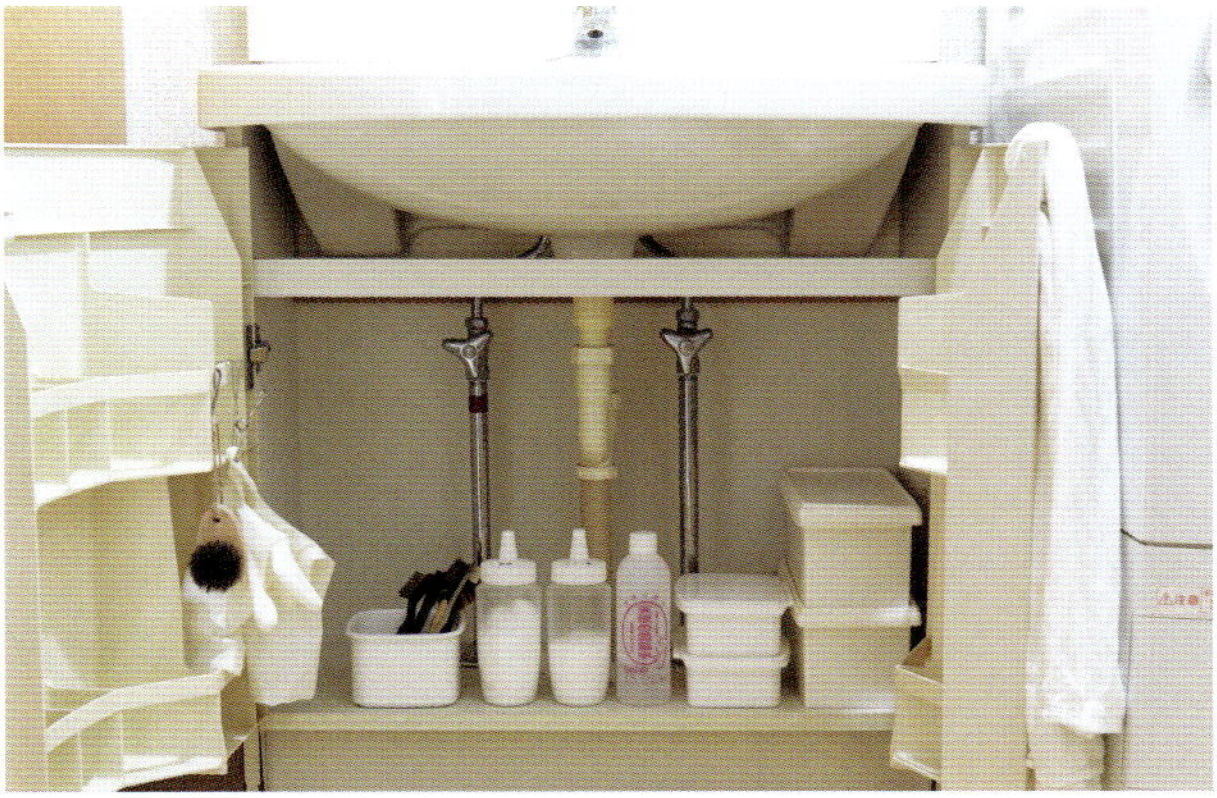

掃除用具などは洗面台の下

洗面台の下には、詰め替え用の化粧水や、掃除に使うブラシ、重曹、クエン酸などを収納。白い容器には、デンタルケア用品や、取り外した洗面台の栓とチェーンなどが入っています。

手洗い用の石けんは、身体洗いと兼用。いつもは左のように、浴室のドアにかけています。

タオルと洗濯物はワゴンに

ワゴンの下の洗濯かごは、「無印良品」のもの。バケツの代わりに使うこともあります。リネンのタオルをたたんで置き、上には小物を入れたホーローのキャニスターを置いています。

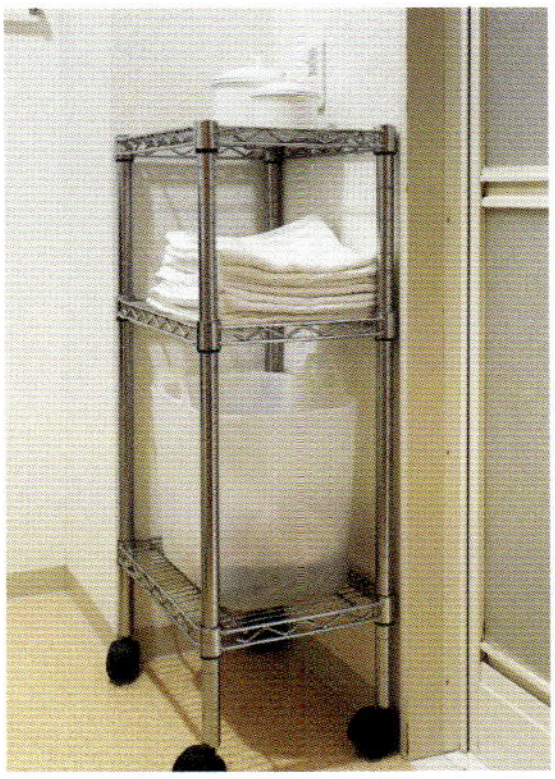

洗濯機の横に棚を設置

洗濯機と壁の間には隙間があります。防水パンにホコリがたまらないように、ホームセンターでカットした板を敷きました。その上に、「無印良品」のPPストッカーを設置（キャスターは外しました）。重曹やクエン酸の大袋などを収納しています。

キャニスターの中には、大きいほうにはメイク道具を、小さいほうにはヘアゴムやシュシュを入れています。

「オルレアンズ・カーペンターズ」のもの。滑らかな曲線が美しく、フタを閉めた姿も、開けた姿も洗練されています。母子手帳やお薬手帳など、大事なものをしまっています。

好きな収納用品だと、扱いもていねいになる

ポーチや小物入れなど、部屋に出して使う収納用品は、木製・革製・布製のものが多いです。木や革は、年月を経て風合いが増し、ずっと長く愛用できるところが魅力です。好きなものを選んで、とことん使いこみたいと思っています。

ポーチは、革だけでなく布のものも使います。使いこむと擦り切れて穴が開いてしまうけれど、洗濯しやすいという利点があります。破れてもツギハギして、限界まで使いきります。

暮らしのなかに大好きな小物があるだけで、毎日嬉しい気持ちになるし、ずっと長く使いたいと思うと、扱いが自然とていねいになります。愛しい小物たちを大切にしながら、ていねいに暮らしていけたらいいなぁと思います。

古いかご

古道具屋さんで見つけたかごは、和室にも洋室にも合います。取りこんだ洗濯物をバサッと入れた姿も、さまになります。

革の手帳とポーチ

革の手帳は、全く同じものを２冊持っています。写真の上のほうが、自分や子どもの診察券などをファイリングしているもの。右は、スケジュール帳です。下のポーチは、通帳ケースとして使っています。

バッグの中身は、ポーチのほかにお財布、キーケース、手帳、ハンカチ、スマホ。日によって水筒やお弁当、図書館に返す本などが加わることも。持ちものはできるだけ少なく、いつも身軽でいるようにしています。

書類はできるだけデータ化して処分

紙の書類は増えていく一方で、整理が大変です。たとえば、家電の取扱説明書。買ってしばらくしたら、ほとんど見なくなります。だから私は、それぞれの家電メーカーから説明書をダウンロードし、スマホのアプリ（「Ｇｏｏｇｌｅドライブ」）に保存して、現物は処分します。

そのほか、小学校や保育園のプリントなども電子化して保存しています。名簿や登園許可書など、きれいに保存したいものは、スキャナーを使って保存。毎月のおたよりなど一時的に保存するものは、スマホのカメラで撮ります。

かさばらないだけでなく、外出先でも見ることができるし、必要な書類を探しやすくなったことも大きなメリットです。

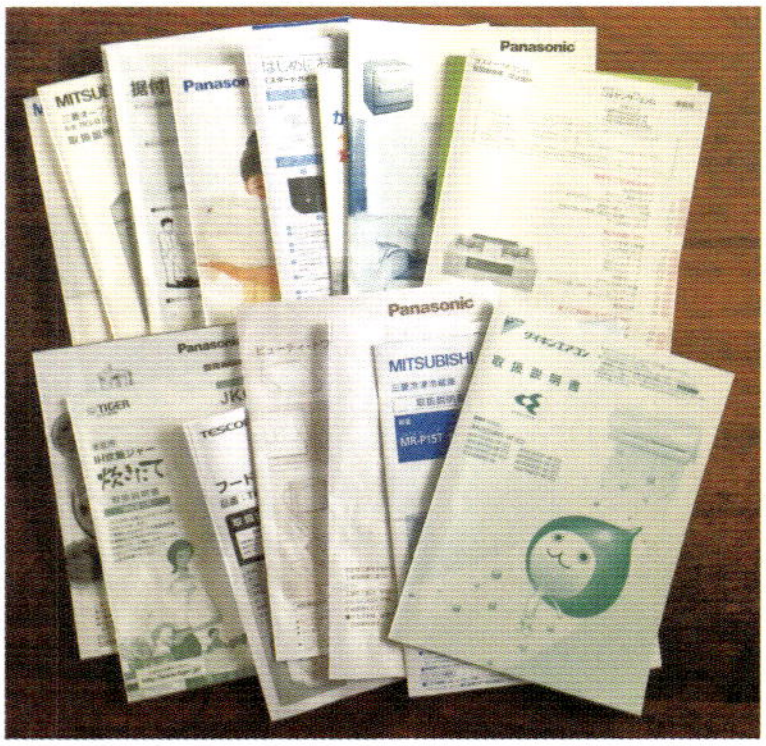

家電の説明書

トースター、体重計など、使い方のわかりやすい家電の説明書は、もともと必要ないので処分。そのほか必要なものは、メーカーのホームページからダウンロードして、「Googel ドライブ」に保存しています。

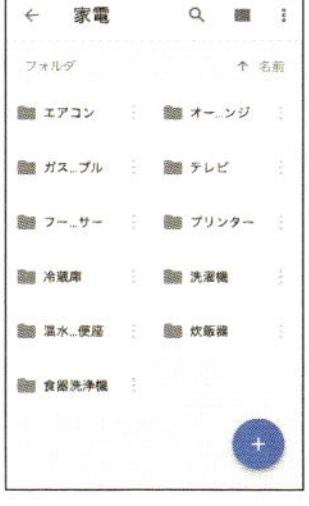

子どものプリント

小学校や保育園で配られる大量のプリント類。ひと通り読んでから、提出書類はすぐに書いて出し、行事日程や持ち物などは手帳にメモ。保管したい書類はスキャンするか写真を撮り、「evernote」というアプリで保存。紙はほとんど処分します。

持ちものは時々全部出して見直す

収納庫の中を掃除するときは、中身を全部外に出します。中を拭きやすいし、しまってあるものを全部出すことで、自分の持ちものをしっかり把握したいと思っているからです。

外に出したものは、ひとつひとつ拭いたり、たたみ直したりして、整頓しながら元に戻します。もし最近使っていないものがあったら、どうして使わなくなってしまったのかを考えます。その理由によって、修理をして使う、他の用途で使う、あるいは手放すなど、次のステップを決めます。

存在を忘れてしまったり、収納庫の中に置きっぱなしにならないよう、ものを循環させて無駄を出さないようにしています。

食器

持っている食器はこれで全部。よく使うものばかりです。収納場所をきれいに拭いた後、元に戻しました。

洗面所

湿気がたまりやすい場所なので、ときどき空っぽにして、すみずみまで拭き掃除します。入っていたものもひとつひとつキレイに拭いて戻します。無駄なものがないと掃除しやすくて、時間もかかりません。

靴

下駄箱の中身を全部出して、拭き掃除。靴の収納には半分くらいのスペースしか使わないので、空いたスペースには靴のお手入れセットや、雨ガッパ、工具などを収納。

玄関は「家の顔」。いつもすっきりきれいに

家の印象は玄関で決まります。だから、いつもすっきりと、気持ちのよい空間にしておきたいなぁと思っています。

動線を考えて、部屋の中で使わないものは持ちこまない、そして、玄関で使うものは玄関に置くことを心がけています。

ドライフラワーで花束を作って壁に飾ったり、靴箱の上には、可愛い小引き出しを置いて、ポストカードも飾っています。いわさきちひろさんの絵が大好きで、見るたびにやさしい幸せな気持ちになります。

うちに来てくれる人のために、そして帰って来る家族や自分のために、きちんと整えて、掃き掃除をするのが毎朝の日課です。

スツールをかばん置きに

以前は帰宅すると、ダイニングの椅子やソファ、床の上などいろんな場所にかばんを置いていましたが、このスツールの上を指定席にしてからは、ストレスがなくなりました。

認め印や自転車のカギ

宅配や回覧板のときに使う認め印つきのボールペンや、自転車のカギは、玄関にあると便利。お気に入りの引き出しの一番上に入れています。上に飾るポストカードのストックもここに入れておき、季節ごとに替えて楽しみます。

資源ゴミ

下駄箱の隅に、リサイクルに出す古紙を入れておくための紙袋を設置しています。ポストに投函されたチラシも、家の中に持ちこまずここで処理。たまったら、資源回収の日に紙袋ごと出します。

ほうきとちりとり

玄関や、玄関の前を掃除するためのほうきとちりとりは、靴箱の扉の裏に、フックで吊るしています。ほうきは「中津箒」、ちりとりは白木屋傳兵衛商店のもの。

割れない鏡

「玄関に全身鏡」はずっと憧れでしたが、うちの玄関にはそのスペースがありません。そこで、軽量の“割れない鏡”を通販で購入。強力両面テープで、玄関横の納戸の扉裏に貼りつけています。

あまり見ないテレビは箱の中に収納

わが家には、毎日テレビをつける習慣がありません。なので、小さなポータブルテレビを、見たいときだけ出して使っています。

以前は、リビングに46型を置いていたけれど、あまり見ないわりに存在が大きすぎて、煩わしく感じるようになりました。テレビは近くの保育園に、テレビボードは友人に使ってもらえることになり、気持ちも部屋もスッキリ。「リビングには大きなテレビを置くもの」と勝手に思いこんでいたけれど、それは人それぞれで、うちには必要ありませんでした。

暮らし方に合わせて、わが家はわが家らしく、家族と私にとって居心地のいい部屋づくりを考えていきたいと思います。

充電式の小さなテレビを、古道具屋さんで出会ったお気に入りの木箱に、ノートパソコンや iPad と一緒に収納。見るときだけ取り出します。木箱にキャスターを取りつけたので、いろんな場所で使えます。

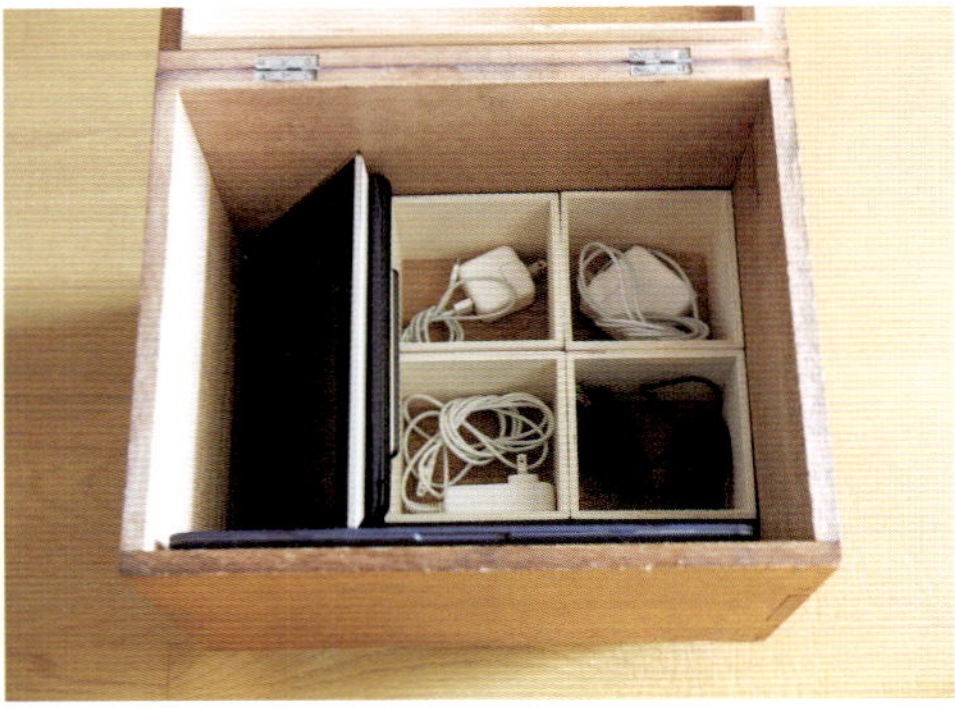

テレビやパソコンの充電器やコード類は、100円ショップで購入した仕分けケースに収納しています。

シンプルで軽い桐の小箱は子ども用の収納に

桐の小箱を、子ども用品の収納に活用しています。見た目が美しくて、とっても軽いのに丈夫なところがお気に入りです。

息子の部屋では、洋服や勉強道具などの収納に使っています。洗濯が終わった洋服は、息子が自分でたたんで桐箱の中にしまいます。散らかりがちだった勉強道具も、ハーフサイズの桐箱に収納。机の周りがスッキリしました。

和室では、娘の絵本の収納に。押し入れの空きスペースに深めの桐箱を立てて、本棚として使っています。

どうやったら子どもが片づけやすいのか、子どもの成長に合わせて考えながら、使いやすく変化させていきたいと思います。

向きを変えてもサイズが合う

Sサイズを2つ並べると、Mサイズにぴったりと重なるサイズ。何個か一緒に使うときにきちんと収まって、違う用途で使うときにも応用しやすいので便利です。

娘の絵本

押し入れの端っこの空いていたスペースに、木箱を使って娘の絵本の棚を設置しました。これからもっと絵本が増えたら、木箱を買いたそうと考えています。

息子の部屋で

（上）普段着は4日分あるので、1日分ずつ箱にまとめ、給食袋やハンカチも忘れないように、服と一緒に収納しています。（左）辞書、鉛筆削り、問題集、習い事のプリントなどを入れています。机の横の棚から箱ごと出して使い、明日の準備が終わったら、箱を元の場所に戻します。

目ざわりな配線をスッキリ収納する

ダイニングのテーブルの脇に、パソコンの周辺機器があります。機材や配線が丸見えで見た目が悪いし、娘がコードを引っぱって遊んでしまうのも心配なので、ベニヤ板で覆って目隠しをしました。板はホームセンターでカットしてもらい、壁を傷つけないように、釘などは使わずテーブルの脚で挟んで設置しています。

息子の部屋も、配線がゴチャゴチャしているところは目隠しをしていて、ポータブルテレビの機器や充電器のコードなどを、全てワイン箱の中に入れて隠しています。

目隠しをしたらすっきりして、しかも、機器やコードにホコリがつきにくくなりました。普段の掃除もしやすくて、快適です。

ダイニング

（上）ダイニングに設置した、パソコンの周辺機器。見た目が悪いだけでなく、赤ちゃんが触ってしまう危険もあります。（下）ベニヤ板で覆って、すっきり。でもダイニングで電源が使えないと困るので、テーブルの下にＯＡタップを貼りつけました。

子ども部屋

（右）ベッドの陰には、機器やケーブルがこんなにもゴチャゴチャに……。（下）ワイン箱のおかげですっきり。中が広いので熱がこもりにくいし、機器のホコリよけにも。箱の上に、息子のケータイの充電器とアロエの植木鉢を置きました。

第4章
ストレスのない
シンプル家事

人にも地球にもやさしい石けんを家じゅうで使う

「森のなかま」という液体せっけんを使っています。製造する工程でも排水のときにも環境にやさしく、肌にもやさしい成分で、多用途に使いまわせるところも気に入っています。洗濯（ベビー服もおしゃれ着も）から、掃除、食器洗い（食洗機も）、手洗い、身体洗い、洗髪まで、すべてこれひとつ。用途別にそろえるより場所をとらないし、考えずに使えるのでラクチンです。

バスルームには、泡で出るボトルをひとつ置いて、頭や身体を洗うときにも、浴槽を掃除するときにも使っています。衣類は、柔軟剤なしでもふんわり仕上がります。

掃除に使うときは、汚れに応じて原液を薄め、重曹やクエン酸も併用しています。

食器洗いから洗濯・掃除までこれ一本

「森のなかま」の原材料は、松の樹液と水のみ。原料の松は、無農薬で栽培されているので土壌汚染の問題がなく、松の樹液はパルプ製造時の残渣（カス）を活かしたものだそうです。泡切れがよく、洗濯物のすすぎは1回でOK。手や身体用の泡ボトルには、水で3倍に薄めて入れています。

クエン酸で畳拭き

和室の掃除はふだん、掃除機かほうきですが、たまにクエン酸水で畳を拭きます。クエン酸には抗菌作用があり、カビ対策にも役立つそう。掃除が終わったあとの和室は、清々しいです。

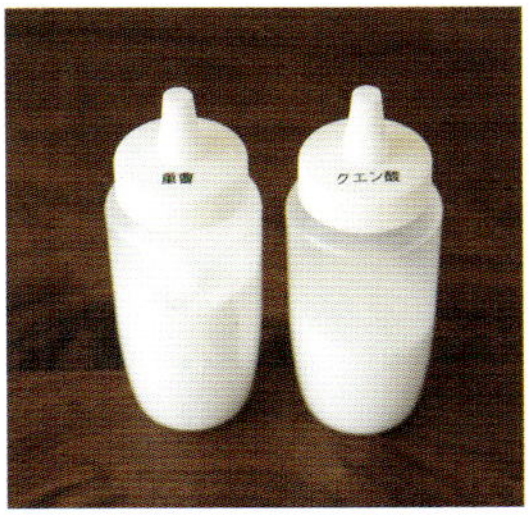

クエン酸と重曹を使いやすく

クエン酸と重曹は、透明なはちみつ用ボトルに詰めかえています。重曹は、鍋の焦げつきをとるのにも便利。クエン酸は、水にとかしてスプレーに入れ、毎日トイレ掃除にも使っています。

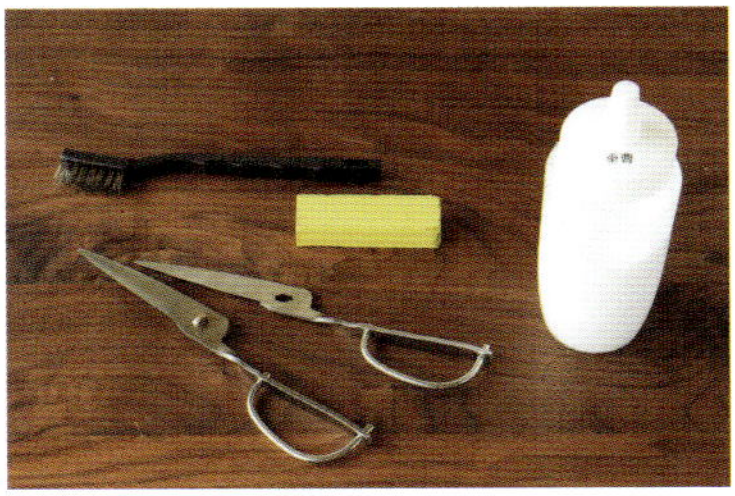

ステンレスのサビ取り

ステンレスのシンク、キッチンバサミのつなぎ目などにいつのまにかついてしまうサビは、サビとり消しゴムとブラシを使って落とします。洗面台についたヘアピンの跡（もらいサビ）も簡単に落ちます。消しゴムが届きにくい細かいところは、重曹＋ワイヤーブラシで。

平日

05:00
起床
米を研ぎ、鍋を冷蔵庫から出す
洗濯機を回す
トイレと玄関の掃除
ベランダで水やり

05:30
朝ごはん準備
炊飯器オン
夕ごはんの下準備（途中まで）
洗濯物を干す
自分の身支度

06:30
子ども起床
朝ごはん

07:00
朝ごはんの片づけ
台所を少し掃除
掃除機をかける
娘の身支度

冷凍ものを冷蔵室に移したり、肉を漬けたり

食べこぼしなどを拭き掃除

毎日を乗りきるためのタイムスケジュール

私の家事は、5時に起床して、子どもたちが起きるまでの間がメイン。太陽の光に元気をもらって、できるだけたくさん家事を終わらせるために、勢いよく動きまわります。

平日はフルタイムで働いているため、帰宅してから一緒に過ごせる時間は、2時間半しかありません。帰ったらまずは、子どもをぎゅーっと抱きしめて、べったりタイム。夕ごはんはサクッとすませ、一緒にお風呂に入ります。

子どもが寝たら、最低限の家事をすませ、あとは私の自由時間。読書、手芸、SNS……やりたいことはいっぱいあるけれど、疲れているときは翌日のために早く眠ります。夜はクタクタでも、朝になったらすっかり回復しています。

07:30 娘と保育園へ
出社
17:10 退社・保育園お迎え
18:40 帰宅
洗濯物を取りこむ
夕ごはん準備
19:00 夕ごはん
19:30 お風呂 歯みがき
20:00 子どもとだんらん
21:00 娘就寝
21:30 息子就寝
夕ごはん片づけ
朝ごはんの準備を少し
洗濯物をたたむ
自分の時間
22:00〜24:00 就寝

（洗濯物を取りこむ）湿っていたら室内に吊るす

（朝ごはんの準備を少し）豆を熱湯に浸けたり、味噌汁のだしを冷蔵庫にセット

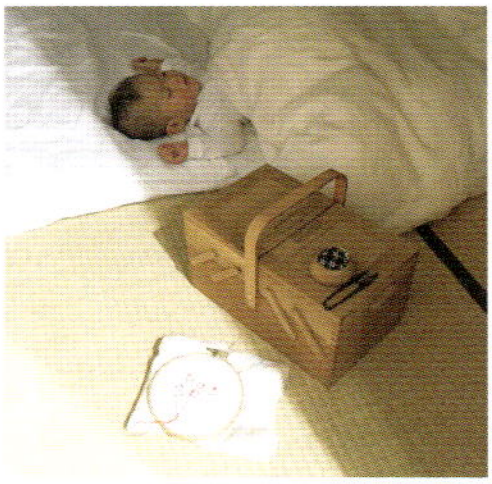

子どもが寝てから手芸など

子どもたちが寝たあとは、私の自由時間。手芸道具を出してチクチクしたり、ブログを更新したり、図書館で借りてきた本を読んだり。結局すぐに眠くなってしまうことも、よくあります。

食器洗い機は大切な相棒

忙しいときのつよい味方。食洗機に任せている間、別の家事に取りかかれます。節水になるし、手荒れやストレスを減らせるのもありがたいです。

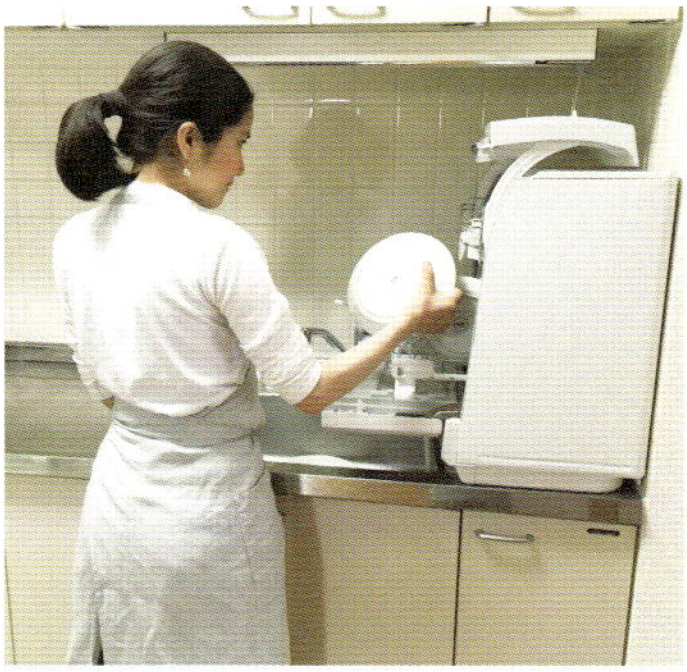

味噌汁のだしは夜のうちに準備

朝ごはんの準備は、米を研ぎ、冷蔵庫から味噌汁用の鍋を取り出すことからスタート。前の晩に、水と昆布、煮干しを入れた鍋を冷蔵庫に入れておくと、これだけで翌朝にはおいしいだしが出ています。

汚れをためない掃除のコツ

脱衣や身支度をする洗面所は、ホコリや汚れがつきやすいので、汚れをためこまないようにしています。といっても、いつもわざわざ雑巾を使って掃除をするわけではありません。毎日、お風呂から上がったら、自分が身体を拭いたタオルでついでにササッと拭き掃除をするのが日課です。1日1~2分程度の小さな習慣なので、負担にならないし、毎日拭いていれば、タオルはほとんど汚れません。

トイレ掃除は毎朝やりますが、基本は、「使ったら必ず確認し、汚れていたらトイレブラシでさっと掃除する」がわが家のルールです。

汚れをためないほうが掃除がラクだし、何より、毎日を気持ちよく過ごせます。

毎日やる掃除

- ガスコンロを拭く(料理しながら)
- シンクを磨く
- 掃除機をかける(気になる所)
- 床の拭き掃除(キッチン台の前と娘のイスの下付近のみ)
- トイレ掃除　・玄関を掃く
- 浴槽の掃除(息子がお風呂上がりに)

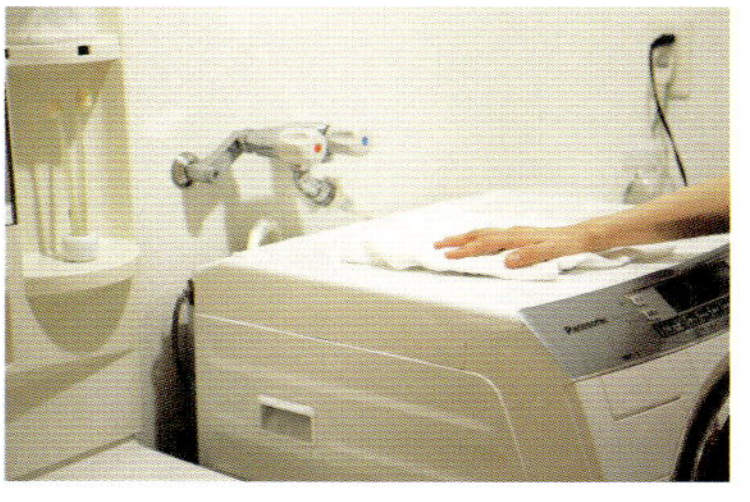

風呂上がりに洗面所をさっとひと拭き

お風呂上がりに髪を乾かしたら、体を拭いたタオルで、鏡→洗濯機の上→洗面台→床の順番で、ひと通りざーっと拭きます。タオルが程よく濡れているので拭きやすく、毎日やれば汚れもたまりません。

トイレ、そして玄関のたたき

トイレの便座の裏側、シンク、便器前の床などは、毎朝掃除をしますが、それ以外のところは週に一度しっかり拭き掃除をします。そのとき使ったウエスは、玄関のたたきを水拭きしてから捨てます。

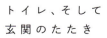

部屋干しを快適にする

人は、寝ている間にコップ１杯分の汗をかくといいます。子どもたちはもっとたくさん汗をかいている気がするし、暑い季節は尚更です。「いいお天気だからお布団を干したい」と思っても、ベランダに布団を干したまま出勤することはできません。日の短い季節だと、夕方には湿ってしまうし、夏だと夕立がくることも。だから平日は、室内の日当たりのいいところにハンガーラックを置き、布団を干しています。

このハンガーラックは、キャスターつきなので移動しやすく、洗濯物を室内干しするときにも便利です。娘が生まれてからは洗濯物が増えたので、お天気のよくない日でも洗濯機を回し、鴨居をはさんで使えるフックも利用しています。

室内でふとん干し

日当たりのいい窓際に、ハンガーラックを移動して、ふとんを干してから出かけます。雨が振りそうな日には、洗濯物をここに吊るして出かけることも。アイアン製のハンガーラックはシンプルなデザインなので、出ていても目障りになりません。

鴨居フックは便利

鴨居に簡単に取りつけられる、便利なフック。ピンチハンガーなどをかけておけます。取りこんだ洗濯物がなんとなく湿っているときも、少しの間ここに干しておきます。ふたつ取りつけてひもを渡せば、もっとたくさん干すこともできそう。

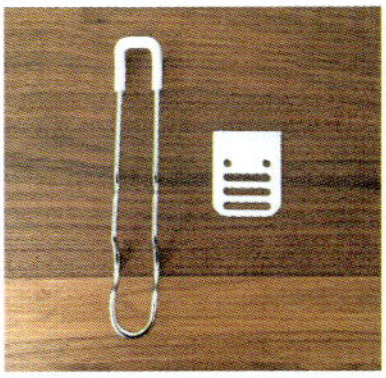

台所に掃除機

冷蔵庫の横に、コードレスの掃除機を置いています。食事の後パッと手に取れるので、台所の掃除がストレスなくできるように。掃除機は、強力磁石のフックで冷蔵庫に掛けています。

家事をラクにする工夫

家事は固定観念にとらわれず、やり方を見直してみるとグンとラクになることがあります。

かつてコード式の掃除機を使っていたときは、リビングの収納庫にしまっていました。出すのにも戻すのにも手間がかかるので、ついつい食べこぼしを放置したり、使った掃除機をそのまま出しっ放しにしていたことも。

それが、コードレス掃除機に変え、置き場所を台所に変えただけで、掃除がラクになり、いつもキレイな状態をキープできるようになりました。食べこぼしなどちょっとだけ使いたいときにも、サッと取り出してサッと戻せます。

自分なりの方法を考えて家事の無駄を減らすことで、その分楽しい時間を増やせます。

洗面台の栓を外せば 掃除しやすい

洗面台についている、栓とチェーン。洗面台に水を貯めるためにあるのですが、考えてみたらほとんど使いません。取り外して、洗面台の下に片づけました。ないほうがスッキリ見えるし、掃除もしやすくなりました。

トイレには タオルもマットも置かない

トイレで手を洗うと、水が飛び散って、壁や床、便器のフタが濡れてしまいます。汚れる原因になるので、手は洗面所で洗うことにしました。そうしたら、水が飛び散らないのでとても快適。タオルを置かなくなったので、タオルを交換・洗濯する手間も省けました。掃除しやすいように、マットも置いていません。

タオルをバスマットに

バスマットは持っていないので、洗面所で１日使ったタオルを折りたたんで、バスマットの代わりに。使うものを最小限に抑えることで、洗濯の手間を減らしています。

息子の洗濯物は 自分でたたんでもらう

洗濯物が乾いたら、息子の分は息子の部屋に取りこみ、夜、息子が自分でたたんで片づけます。小学生のうちに、「自分でできること」を増やしていきたいと思っています。

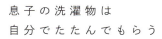

大掃除でなく週一回の小掃除

私は大掃除をしません。そのかわり毎週日曜日の朝に30分、気になるところの「小掃除」をします。汚れがこびりついて落ちにくくなってから一度に全部やるよりも、ラクチンです。

掃除する場所はいろいろですが、次の場所を汚れの様子を見て掃除するようにしています。

・冷蔵庫の中　・窓ガラス
・網戸　・サッシ
・照明器具　・畳の水拭き
・洗濯槽　・コンロの下
・換気扇カバー　・浴室

やるときは、「中身は全部出す」「外せるものは全部外す」など、隅々まで徹底的にきれいにします。

冷蔵庫の中

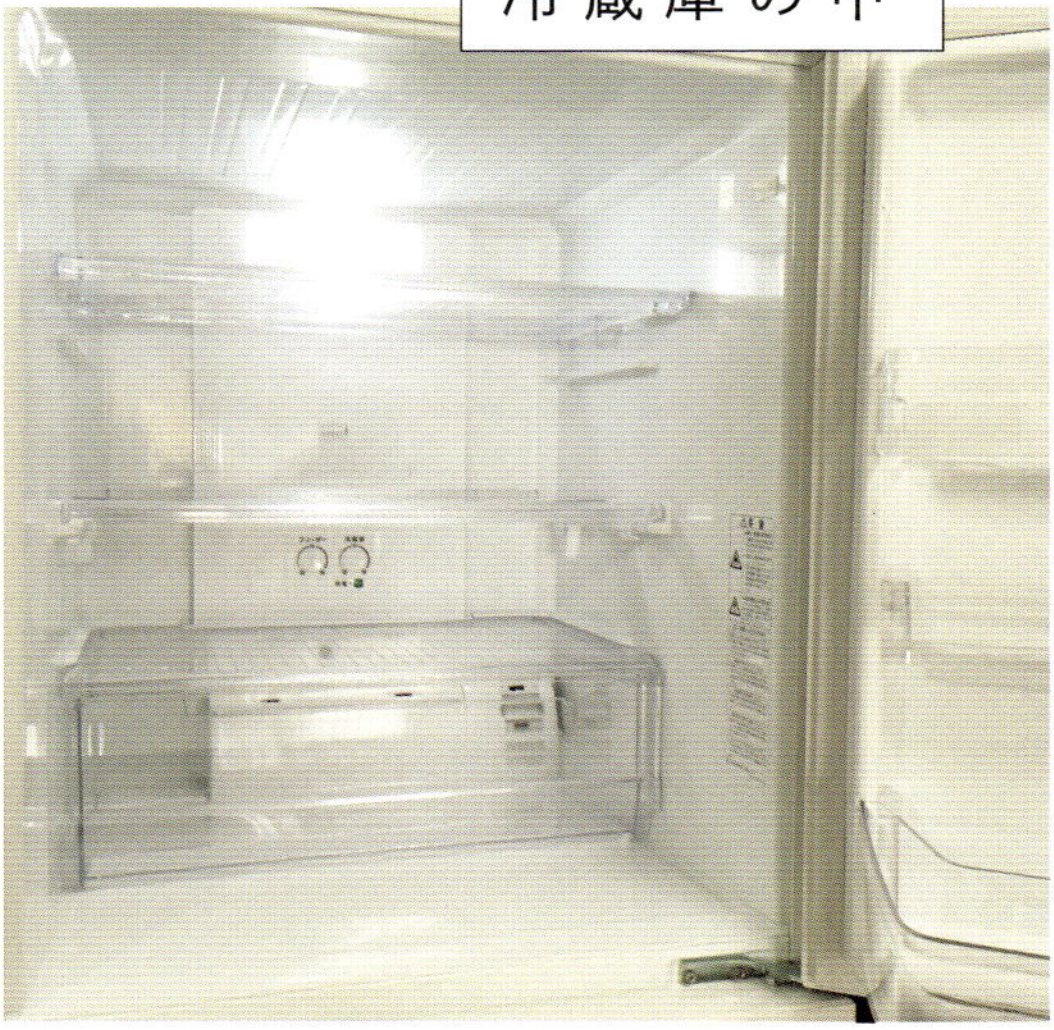

空っぽの庫内を隅々まで拭けば、30分以内で完了します。

中身を全部出して隅々まで拭く

冷蔵庫の掃除は、中のものが少なくなったタイミングを狙ってやります。入っていたものを全部出して、ひとつひとつキレイに拭き、庫内のトレーは、全部外して水洗いして、乾かしてから戻します。

サッシの溝

歯ブラシを替える タイミングで掃除

サッシの溝の掃除ってなんとなく面倒で、ついつい後回しになりがちな場所。なので、歯ブラシを新調するタイミングで掃除をすることに決めています。隅っこの掃除は綿棒や爪楊枝を使うと便利。最後に水を流します。

掃除し終わったサッシを上から見たところ。ホコリや汚れが取れて、スッキリ。

網戸

網戸の掃除は、網戸を外してお風呂場へ持って行き、丸ごと水洗いしています。シャワーで全体を洗い流してウエスでサーっと軽くこすり、またシャワーで流したあと、元の位置に戻すだけ。石けんを使わなくても、ゴシゴシしなくても、あっという間にきれいになります。

リビングの窓は一番光が入るところなので、網戸やガラスがきれいだと部屋が明るくなります。

浴室

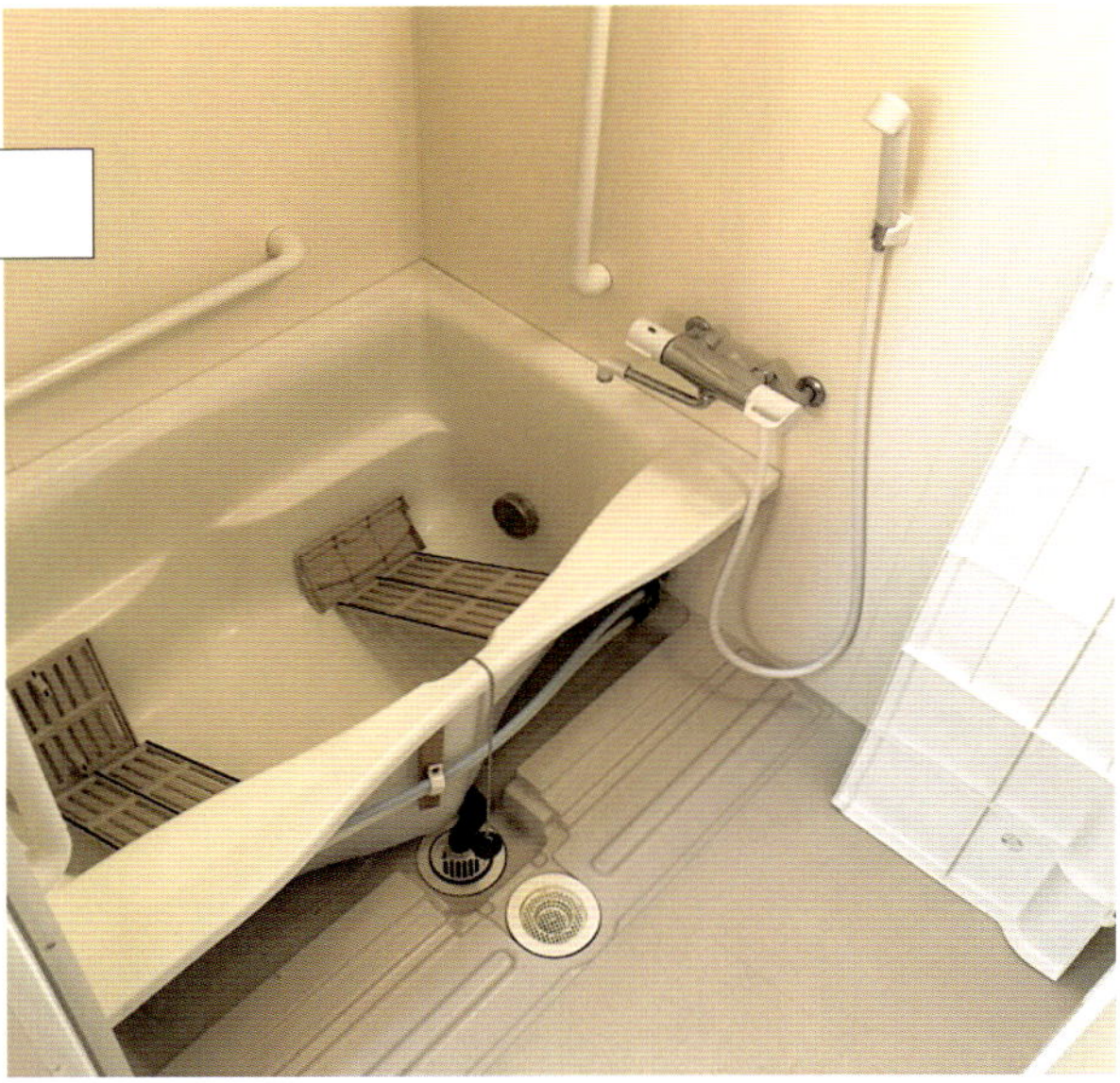

外せるものは全部外して洗う

浴室は、隠れている部分に湿気がたまりやすく、汚れがち。浴槽のエプロンカバーなど、外せるところを全部外して汚れを落とします。掃除が終わったあとはすぐに元に戻すのではなく、外したものを並べてよく乾燥させます。

カラッと清潔な浴室は、快適。お天気の日に家中の窓を開けてやるのがおすすめです。

吊るし収納でカビ防止

浴室に置いているものは、洗面器ひとつ、「びわこふきん」（掃除用）、石けんを入れた泡スプレーボトル（体洗い、洗髪、掃除用）のみ。ぬめりやカビがつかないよう、吊り下げて収納しています。洗面器は「RETTO」のもので、凹凸がないので水垢がつきにくく、吊り下げられるので便利。

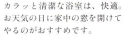

換気扇カバー

ネジを外して
浴室で水洗い

洗面所・トイレ・浴室の３カ所の換気扇カバーを、外して水洗いします。中のファンも、汚れていたら外して掃除。ホコリ汚れは、拭くよりもシャワーで洗い流すほうが早いです。

ネジで固定されていたら、ドライバーを使って外します。

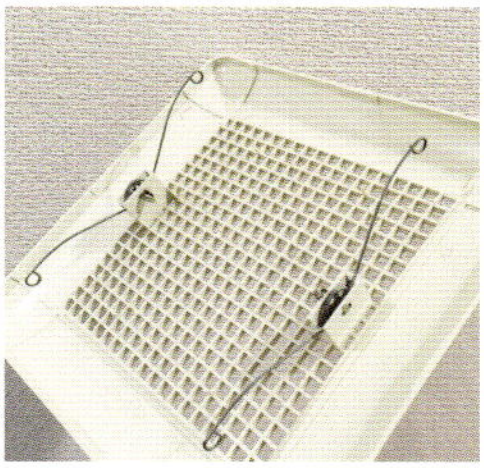

バネで引っかかっているタイプは、引っぱればすぐ外せます。

照明器具

大切な照明器具は、
ていねいにから拭き

照明器具も、ホコリがたまりがちなところ。気がついたときに掃除するようにしています。雑巾でからぶきするだけで、きれいになります。真鍮のペンダントライトは、「広松木工」のもの。最初はピカピカでしたが、少しずつ素敵にくすんできています。

「中津箒」の職人、吉田さんの作るほうきは美しくしなやか。床をさっさっと掃いていくと、柔らかい音とリズムがなんとも心地よいです。ちりとりは、白木屋傳兵衛商店の「はりみ」。

ワークショップで私が作った筒型ほうき。細かい場所の掃除に、とても便利です！

職人の手作りほうきで掃除がもっと楽しく

以前、掃除機が壊れて修理をしている間、とても不便な思いをしました。それと、外掃き用のホウキが1本しかなく、使うたびにベランダと玄関を往復するのが大変でした。

いいほうきがあったら欲しいと考えていたときに知ったのが、「中津箒」。ほうき作りのワークショップに参加したとき、「自分たちが無農薬栽培したホウキモロコシを使って、1本1本手作業で作っている」という職人さんの話が、すごく心に残りました。自分で作った小さなほうきを持ち帰り、部屋の隅やふすまの溝を掃除して、その使い心地のよさを実感。その後、室内用と玄関用に「中津箒」の手ぼうきを買って、大切に使っています。

グリーンのカーテン

ダイニングの窓には、ヘデラを植えています。最初は小さい苗だったのが、茎がどんどん太くなり、小さい芽がどんどん出てきて、いつのまにかこんなに大きく。日よけと、外からの目隠しにもなります。

ハーブは、タイム、ローズマリー、ミント、ラベンダー、ユーカリなどを植えています。ベランダはいつもいい香り。フレッシュハーブはお料理にも活躍します。

グリーンは私の生活の一部

ベランダは外だけれど、家の一部です。インテリアを楽しむように、ガーデニングも楽しみたいと思っています。

鉢の植え替えをする作業は、部屋のファブリックを選んだり、模様替えをする感覚に似ていて、なんだかとてもワクワクします。

私も子どももベランダが大好きで、水やりや洗濯物を干すときや、何も用事がないときでもベランダに出て、ハーブのやわらかい香りとやさしい緑色にいつも癒されています。

部屋の中から見えるグリーンは、殺風景な部屋に彩りとうるおいを与えてくれます。光をたくさん浴びて、水をたくさん吸って、のびのび育ってくれますように。

財布はお金の家

お財布はお金の家。余計なカードやレシートでパンパンのお財布は、ものだらけの散らかった家と同じ。大切なお金のために、お財布の中はいつもすっきり整えておきたいと思います。

ストレスのない家計管理法

数年前まで、家計簿をつけていました。でも、1円単位まできっちり合わせたい性分で、書くのに時間がかかり過ぎるので、今はつけていません。月の予算は決めておき、普段の買い物はできる限りクレジットカードで支払います。利用明細はウエブ上で確認し、現金の出費は、通帳にメモすることで、家計簿をつけなくても家計を把握できるようになりました。

毎月の生活費の残り(口座に残っているお金)は、次の給料が入る前に、すべて貯蓄用の口座に移します。貯蓄はそのほかに、子ども用の先取り貯蓄、自分用の投信積立があります。特別な大きな出費は、自分用の貯金から補填します。

通帳を家計簿代わりに

たとえば、小学校の集金で教材費を払ったら、ぴったりの金額をＡＴＭで引き出して、通帳に「教材費」とメモをします。こまめに出入金・記帳することで、家計簿の代わりになります。

お取引内容	お支払い金額（円）	お預かり金額（円）
ATM	2,490	小学校（教材費）
DF. カラテ ゲッシャ	7,560	
ATM	30,000	5/8 O子結婚式ご祝儀
ATM	7,000	〃 二次会会費

４つの口座を目的別に使う

私名義の銀行口座は４つ。必要な分だけに厳選して、管理しやすくなりました。
①生活費用（食費、家賃、水道光熱費など）。投資信託もしているので、振込手数料が月４回まで無料。
②特別出費の貯金用（ネット銀行）。
③定期預金用。近所の支店のキャンペーンで定期預金の金利が高かったときに契約。
④住んでいる地域の信用金庫。会社以外の個人の仕事で利用。
そのほか、子どもの貯金はそれぞれの名義の口座に毎月積み立て。

持ち歩くカードは５枚だけ

免許証、パスモ、キャッシュカード、クレジットカード、図書館のカード。お財布のカード入れは 13 カ所ありますが、入れているのはこの５枚だけです。ポイントカードはかさばるので持ちません。よく利用するお店は、スマホのアプリをダウンロードして、ポイントを貯めています。

冷えを防いで病気にならない身体に

「冷えは万病のもと」といいます。身体を温めると血液の循環がよくなるので、内臓が元気になり、免疫力が上がって病気になりにくい身体になるそうです。食事・飲み物・服装など、日々の生活でゆる〜っと意識しながら、内からも外からも温めたいと思っています。

とくに足は、心臓から遠い位置にあるため最も冷えやすいのだとか。冬に限らずいつも、足を冷やさないように心がけています。

なんだか寒気がして「風邪かな」と思ったときは、第一大根湯を飲んで早く眠ります。以前はすぐに薬に頼っていたけれど、今は、身体が持っている自然治癒力を引きだせるよう努めています。

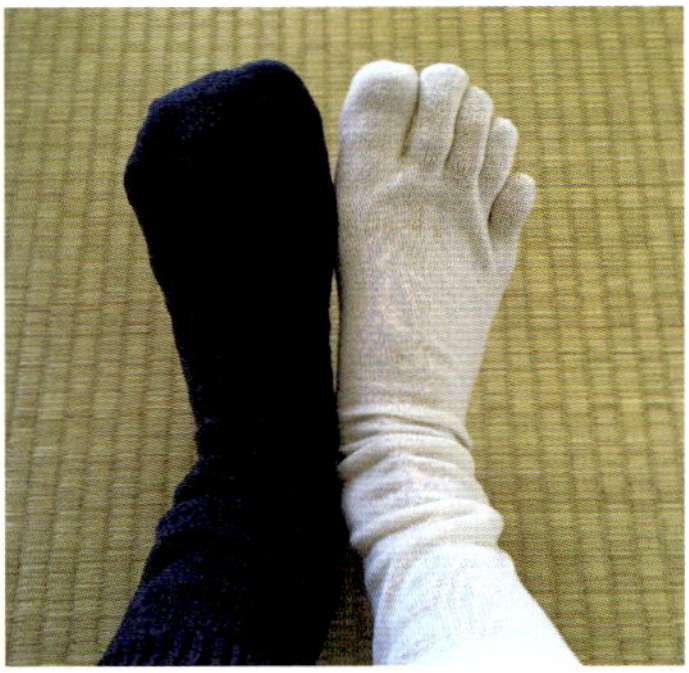

靴下の重ね履き

真夏以外は、シルクの５本指ソックスとコットンのソックスを重ね履きしています。５本指ソックスは左右の別がなく、かかとがないつくりでゆるめなので、スルリと履けます。夏でもスカートのときは、レギンスを履いています。

腹巻きは一日中着用

妊娠中に使っていたシルクコットンの腹巻を、昼も夜も１日中ずっと着用しています。授乳している間も、お腹が隠れたままなので冷えません。大人用ですがよく伸縮するので、子どもも着用しています。

直火にかけられる湯たんぽ

ステンレス製の直火ＯＫな湯たんぽは便利です。冷めてもそのまま火にかけられるので、水の出し入れがなくてラクチンだし、朝になってもまだ温かいのです。プラスチック製やゴム製に比べて少し価格は高いけれど、使い勝手や保温力、耐久性を考えるとエコな商品だと思います。

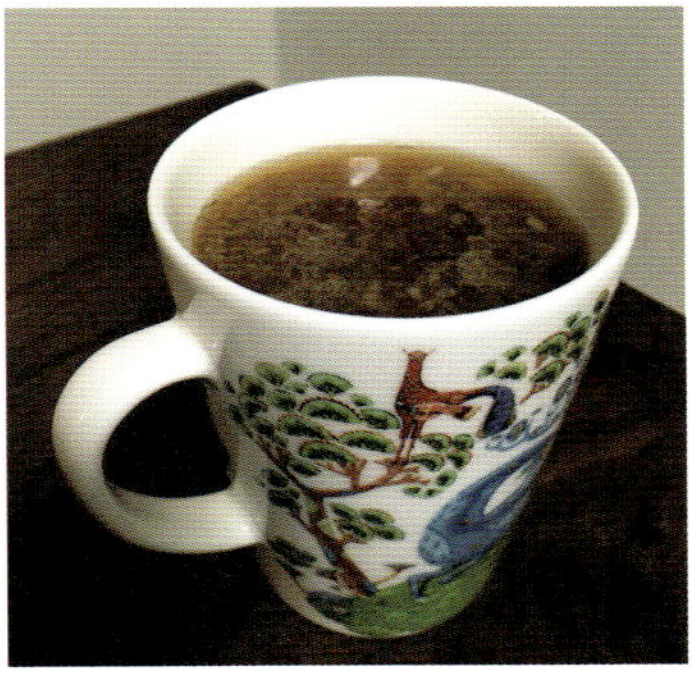

寒い日にじっと座って作業をするときには、布の手さげバッグに湯たんぽをカバーごと入れて、足を入れて使っています。

第一大根湯

なんだか寒気がして「風邪かな？」と思ったら、第一大根湯。マグカップに大根おろし大さじ山盛り３、おろし生姜少々、醤油大さじ１を入れ、熱々の三年番茶を約400ml。かき混ぜないで一度に飲み、布団を頭までかぶって眠ります。

みかん風呂

みかんの皮に含まれているリモネンという精油成分には、血行促進作用や保温作用、さらに水垢防止作用もあるそうです。みかんの皮を布で包んで、お湯の中でもみもみすると、ふわあっといい香り。

さらしでおんぶ

さらしを草木染めして（P.115参照）、おんぶひもとして使っています。おんぶすると赤ちゃんの目線が高くなり、お母さんと同じ景色を見て楽しむことができます。背中の部分につけた刺繍は、「背守り」といって、幼い子どもに災いが近づかないようにという祈りのしるし。日本に昔からある風習です。

赤ちゃんにゆっくり気持ちよく寝てもらう

すやすやと眠る赤ちゃんの寝顔を見ると、疲れが吹き飛んで、温かい気持ちになります。それに、赤ちゃんがゆっくり気持ちよく眠っている間は、母親も身体を休めたり、家事をすませたりできるので助かります。

心地よく寝てもらいたいので、肌触りのいい寝具を選んでいます。寝ている間に布団を蹴ったり、ころころ転がったりするので、夏以外は腹巻を巻いたり、スリーパーを着せています。

日中は、抱っこやおんぶをしているうちに眠ってしまうことも多いです。おでかけはスリングで抱っこ、家事をするときはさらしでおんぶすることもあります。ぐっすり眠ったあとの赤ちゃんは、とってもごきげんです。

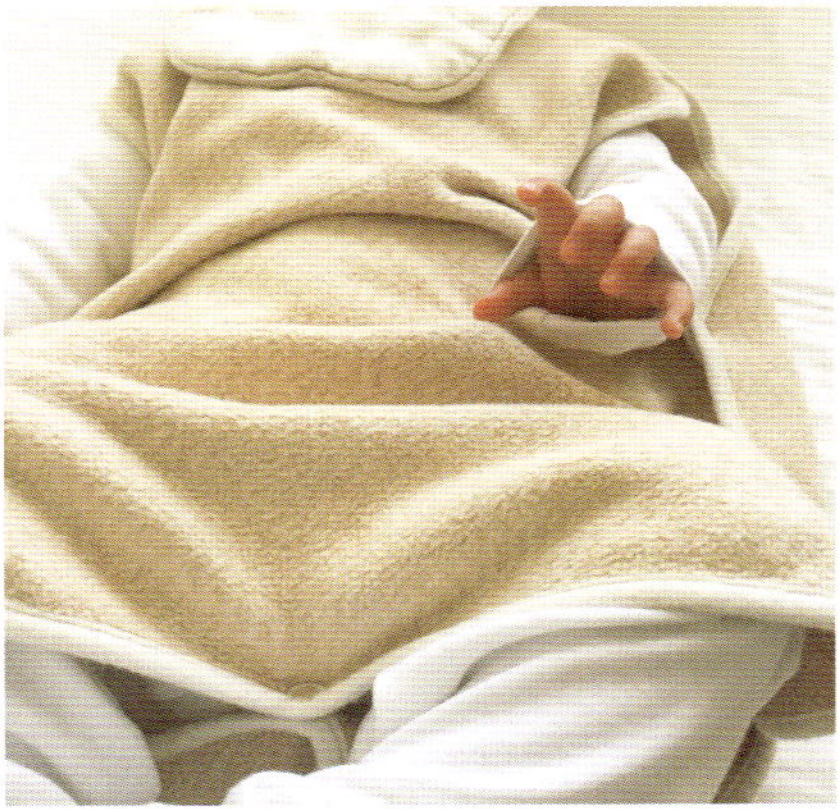

「松並木」の
大判バスタオル

両面ともガーゼ素材の、柔らかいバスタオル。ベビー布団のシーツの上にいつも敷いています。よだれや汗などで何かと汚れがちなので、毎日交換します。

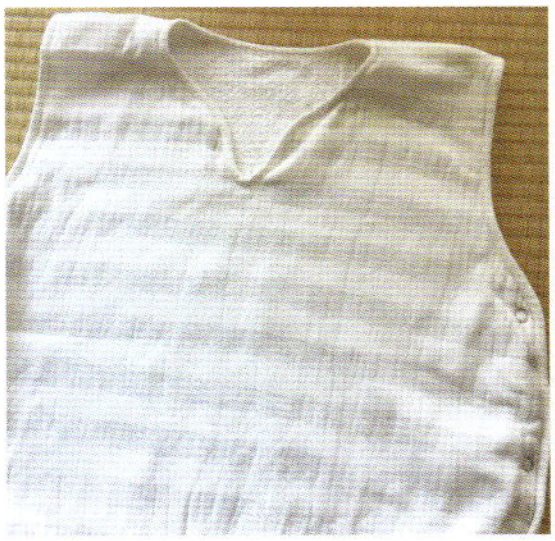

オーガニックの
スリーパー

(上) 冬に使っている、「メイドインアース」のスリーパー。股の部分にスナップボタンをつけたら、動きまわってもめくれなくなりました。(左) 春・秋に活躍するのは、天衣無縫のガーゼ素材のスリーパー。ふわふわ柔らかくてお気に入りです。

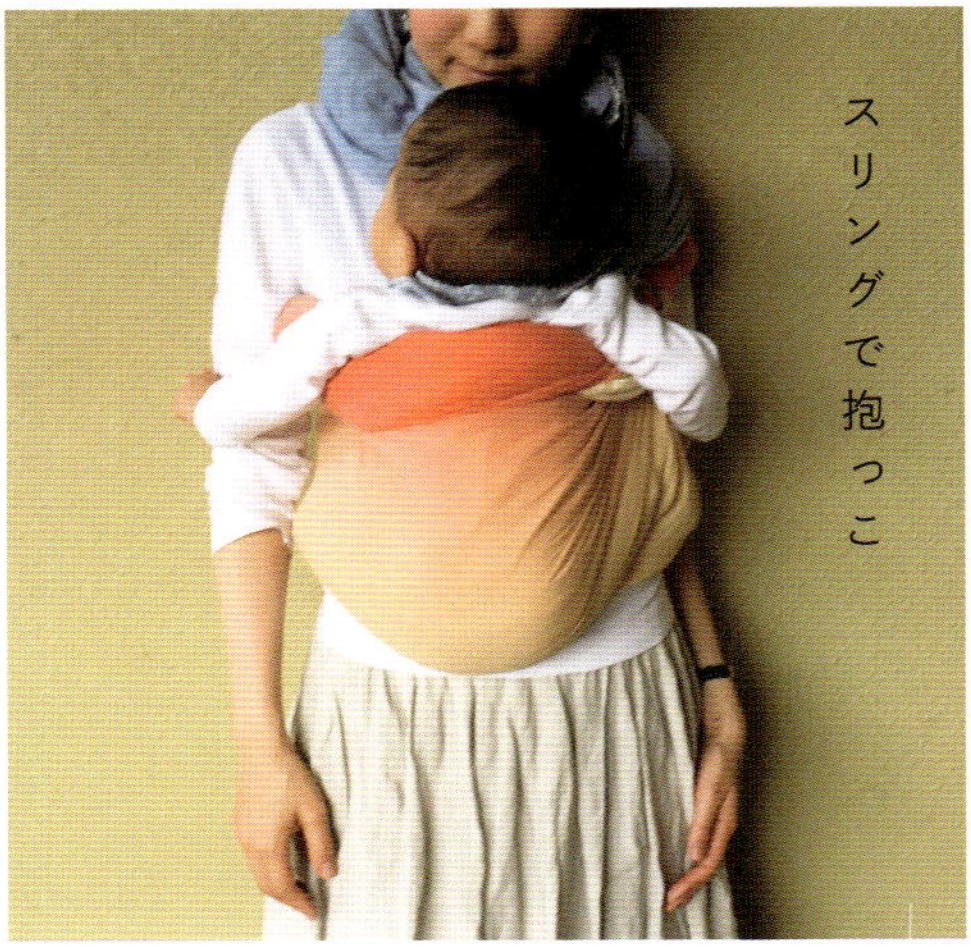

スリングで抱っこ

スリングは生まれてからすぐに使えるし、洗濯しやすいので便利。赤ちゃんは布に包まれると、お腹にいたときの感覚と似ているから安心するのだそう。擦りきれるくらいよく使っています。

タオルはリネンに統一

バスタオルとしては少し小さめですが、とても丈夫なので何年も使っています。リネンの強度は綿の約2倍、吸水性は約4倍もあるのだとか。リネンの原料となる植物はとても強いので、農薬をあまり必要としないそうです。

掛け布団カバーを使いまわす

掛布団カバーは「スリープテイラー」のものです。水分の吸水・発散が早いリネンは、汗をよく吸いとってくれるので、いつもサラサラ。冬は掛け布団カバー、夏はシーツとして使っています。コットンのガーゼケットと上下を交換して使い方を変えるだけで、夏も冬も快適に。

白いリネンで毎日を気持ちよく

カーテンや寝具、タオル、ふきんなど、家じゅうでリネンを愛用しています。吸水性がよく、乾くのも早く、サラサラの肌触りが大好きです。丈夫で長持ちするし、汚れたら煮洗いや熱湯洗いをして、ずっと清潔に使うことができます。

わが家では、リネンのバスタオルを、お風呂上がりに使うほか、洗面所や台所でも使っています。1日使ったあとは、折りたたんでバスマットの代わりに。

リネンの掛け布団カバーは、ソファカバーにしたり、夏は敷き布団のシーツとしても使っています。かさばるカバー類を多く持たなくていいし、お気に入りを1年中ずっと使うことができるので嬉しいです。

白いシーツをカーテンに

和室で使っているリネンのカーテンは、実は、ダブルサイズのフラットシーツです。リネンの大きな生地を探したけれど見つからなくて、シーツを利用することに。育ち盛りの植物にも、日に焼けた畳にもこのやさしい白がよく似合います。毎朝、淡い光の中で自然に気持ちよく目覚めています。

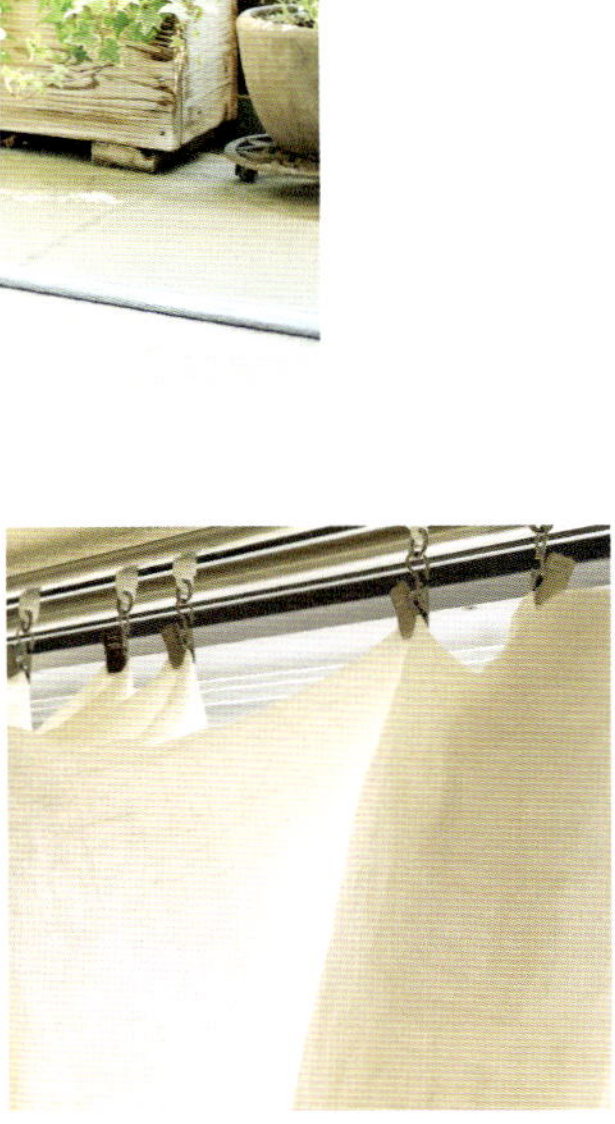

あとで応用が利くように、切ったり縫ったりしないで使っています。布地の長すぎる部分はうしろに折り、そのままクリップで留めて吊るしました。

布おむつと
布のおしり拭き

布おむつは、友達からもらったお古が中心です。落ちにくい汚れは、酸素系漂白剤を溶かしたお湯に漬けおきするときれいに。小さなシミなら、天日干しだけでも消えてしまいます。おしり拭きは、私の古いカットソーや息子のパジャマで作りました(P.118 参照)。

肌に負担の少ないものを選ぶ

肌に触れるものは、天然素材のものがいいなと思っています。気持ちがよくて、心も落ち着きます。一人目の子は紙オムツで育てましたが、二人目は、できるだけ布オムツを使っています。

きっかけは、自分の生理ナプキンを布ナプキンに変えたこと。不思議なことに、ひどかった生理痛がなくなり、生理不順も少しずつ改善。下着と同じ綿素材なので、通気性も肌触りもよく、想像以上の快適さに驚きました。だからきっと、赤ちゃんにとってのオムツも、同じだと思うのです。

母乳パッドも、布製に変えてから、不快な肌のかゆみがなくなりました。洗って繰り返し使えるので、使い捨てよりもエコで経済的です。

第5章

あるものを生かす
長く大切に使う

古い鋳物のミシンで手作り

裁縫は得意ではないけれど、大好きです。夜、子どもが寝たあとに、「今日は型作り」「今日は裁断」「今日はミシン」と、作業を区切りながら、何日もかけて進めます。

自分の洋服を子どものものにリメイクしたり、小さな刺繍をしたり、端切れを縫い合わせて小物を作ったり……。「今度は何を作ろうかな?」と、考えるだけでワクワクします。縫いものをしている時間は、日常から離れて無心になれるひとときです。

鋳物のミシンは、頑丈ゆえに重たいけれど、構造がシンプルなので壊れても必ず直せるそうです。これからもこのミシンを使って、カタカタいろんなものを作りたいと思います。

ひと目ぼれしたミシン

古道具屋さんで出会った「ＳＩＮＧＥＲ」のミシンを、ミシン屋さんに修理してもらって、ずっと愛用しています。「鋳物のミシンは頑丈だから、百年だって使えるよ」とミシン屋さんに教えてもらいました。

作る材料をかごにスタンバイ

使いかけの布地を、かごにひとまとめにしておきます。まとまって作業できる時間はなかなか作れないので、時間ができたらすぐに続きができるようにしています。

お気に入りのシャツをリメイク

何年も愛用した服は、「ボロボロになったから、さすがにもう手放さなきゃ……」と思っても、名残惜しくて、なかなか処分する決心がつきません。だから、袖や裾が擦りきれて着られなくなっても、まだウエスにはしないで、背中側の布地など傷みの少ない部分を使ってリメイクをします。自分のバッグにしたり、子どもの小物を作ったり。赤ちゃんのものは面積が小さいので、端切れを使っていろいろなものができます。

大好きだった服が新しい形に生まれ変わると、嬉しい気持ちでいっぱいになります。これからも違う形でまた使い続けることができると思うと、なんだかほっとします。

自分のバッグにリメイク

模様や肌触りがすごく好きだったプルオーバーのシャツ。何年も着ているうちに袖や裾が擦りきれてしまったけれど、生地が厚くて丈夫なのでバッグにリメイクしました。胸ポケット部分もワンポイントに。

子ども用品にリメイク

このシャツもお気に入りの一枚でした。襟と袖の色褪せや擦れが目立ってきても、ウエスにしてしまうのはなんだか名残惜しくて、子ども用の小物にリメイクすることにしました。

スタイに

表と裏にこのシャツの布地を使って、スタイを作りました。真ん中にダブルガーゼを挟み、スナップボタンをつけます。スタイは、ほかにも古いシーツや端切れなどを使って何枚も作りました。

くるみボタンに

「カバードボタン」のキットを使って、くるみボタンにしてみました。打具でトントンたたくだけでできるので簡単です。娘の髪が伸びたら、ヘアゴムにつけて使いたいと思います。

ゴムバンドクリップに

多用途に使えてとっても便利なクリップです。ブランケットにつければ、赤ちゃんの防寒対策や、授乳ケープの代わりに。タオルハンカチにつけてスタイにしたり、帽子が飛ばないように服に留めたりするのにも便利。

材料

クリップ（折ると開くもの）、布テープ、平ゴム、筒状に縫った布地（平ゴムの２倍ぐらいの長さ）

作り方

①クリップと布テープとゴムバンドを、縫ってつなげる。

▼

②筒状に縫った布地に①を通し、端を縫ったらできあがり。

「nani IRO」の布地が好きです。正方形のストールを三角形になるよう二つ折りして首に巻いています。使うたび、洗うたびに生地がふんわり柔らかくなります。

ダブルガーゼで作る

好きな長さに裁断したら、端の処理は横糸を引っぱって抜くだけ。横糸を抜けば抜くほどストールのフリンジが長くなります。ダブルガーゼの布地は、フリンジ部分が0.5～１cm以上あれば、洗濯機で洗ってもほつれません。フリンジを長めにすると下の写真のように糸が自然にくるくるとなります。

針も糸も使わない手作りストール

私の服は、地味でシンプルなものばかりだけれど、ストールを巻くだけで少し雰囲気が変わって華やかになります。

可愛い柄のダブルガーゼの布地を見つけたら、ストールを作ります。針も糸も使わず、あっという間に簡単にできます。既製品を買うよりも安くて、好きなデザインを選べるし、大きさも自由自在です。

綿１００％のガーゼ素材は、肌触りがいいし、汗をよく吸ってくれて、洗濯機で洗えるところもお気に入りです。ストールは、夏の日焼け対策にも、クーラーの冷え対策にも重宝するし、子どものお昼寝のときにも活躍しています。

おんぶひもの草木染め

妊婦のときに腹帯として使っていたさらしを、産後はおんぶひも・抱っこひもとして使っています（P.104参照）。最初は真っ白だったさらしを、たまねぎの皮で染めました。

普段はゴミとして捨ててしまう皮の部分と、スーパーですぐ手に入る焼きミョウバンだけでできるし、作業も簡単。こんなに元気な明るい色になりました。

天然染料を使って行う染色は、合成染料と違って同じ色は二度と出せないそうです。どこにも売っていない、自分だけの色と模様です。

あざやかな山吹色に染まりました。さらしは抱っこにもおんぶにも使えます。

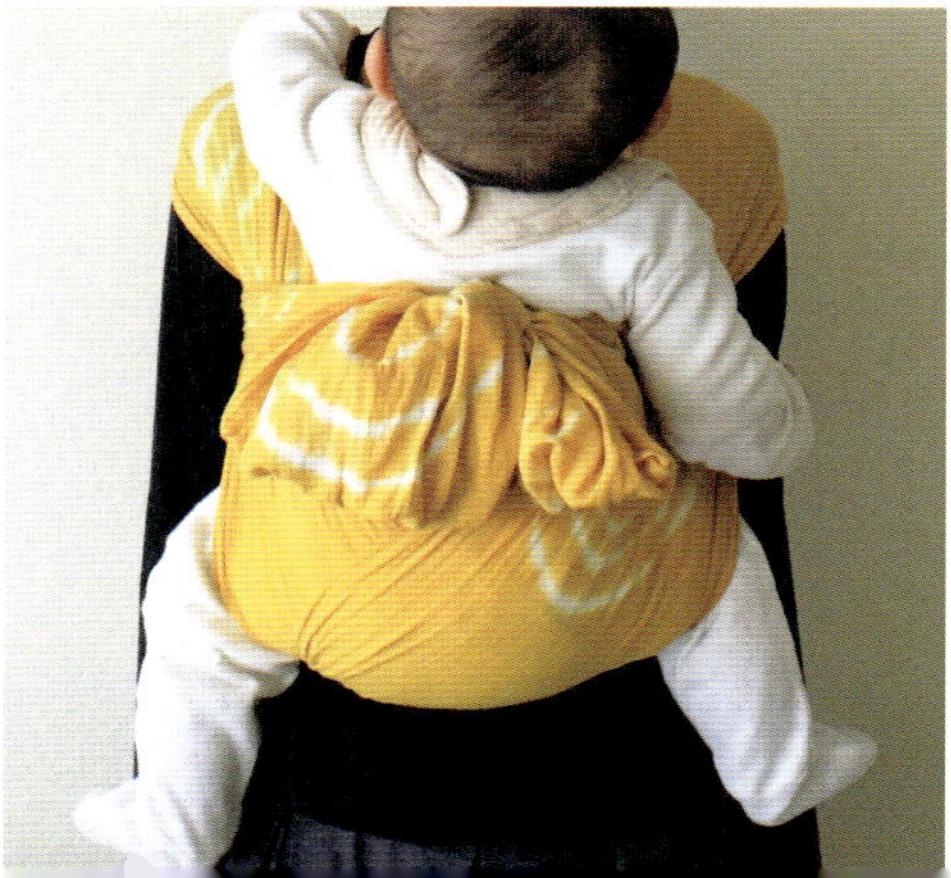

染め方

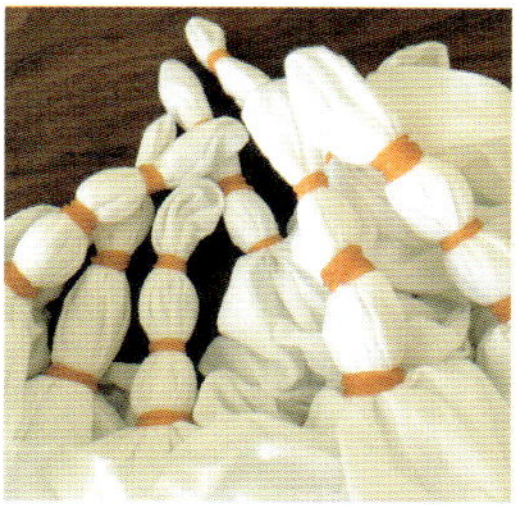

①鍋に水（1～1.5ℓ）とたまねぎの皮（150g）を入れて、15分煮たら、そのまま30分放置。さらし（150g）は水で濡らして絞り、輪ゴムを巻く（染めたときに模様ができるように）。

▼

②鍋の中身をザルでこし、煮汁の中にさらしを入れて15分煮たら、30分放置。きれいな水（1.5ℓ）に焼きミョウバン（15g）を入れ煮溶かし、軽く絞ったさらしを浸して30分放置する（発色効果と色止め）。

▼

③しっかりとすすいでから脱水し、輪ゴムを外して干したら完成。鍋はステンレスかホーローを使います。

娘のために布おもちゃを手作り

小さいころ、母が私のリュックやスモックを作ってくれて嬉しかった思い出があります。私も子どものために何か作りたくて、時間を見つけてはミシンに向かいます。

布のおもちゃは、軽くて柔らかくて、赤ちゃんでも握りやすいし、水洗いもできます。長い間遊べるものがいいなと思って、お手玉とネコのぬいぐるみを作りました。

お手玉は、ポンポン回して遊ぶほかにも、積んで崩したり、放り投げたり、かごに集めたり、ままごとにも使えます。ぬいぐるみは、音を鳴らして遊べるように鈴をつけました。大きくなっても、自分でネコの服を作ったり着せ替えたり、いっぱい遊んでくれたら嬉しいな。

端切れを集めて
ネコのぬいぐるみに

ぬいぐるみの耳としっぽに、私の古いシャツの端切れ（P.113）を使いました。ネコのワンピースは、小さくなった娘の服の袖をカットして、腕としっぽの部分を切っただけです。

シャツの残り布を
お手玉に

娘と息子のために、合わせて10個作りました。子どものおもちゃは気軽に洗濯したいので、小豆やお米ではなくペレットを入れています。

作り方

①布を10×16 cmに切って中表に半分に折り、布が輪になるように縫う。

▶

②端をぐるりと1周縫い、ぎゅっと絞ってぐるぐる糸を巻きつけ、止める。

▶

③反対側もぐるりと一周縫ったら表に返し、ペレットを40 g入れて閉じる。

物を無駄にせず最後まで使いきる

わが家は普段、ティッシュを使いません。口の周りや鼻水はガーゼで拭き、テーブルにこぼれたものは台ふきんで拭きます。洗ってくり返し使えるので経済的だし、ゴミも増えません。

衣類は、ボロボロになるまで着倒したら、他のものにリメイクしたり、切ってウエスとして掃除に使います。

小さくなった子ども服や、使わなくなった絵本やおもちゃで、まだ状態のいいものは、①誰かに譲る、②オークションかフリマに出す、③リサイクルショップに持って行く、のいずれかの方法で手放します。ゴミを出す生活をゼロにはできないけれど、無駄を減らすことを考えながら生活したいと思います。

カットソーをおしり拭きに

オーガニックコットンの柔らかい素材が気持ちよくて、よく着ていたカットソー。毛羽立ちが目立つようになったので、今度は娘のおしり拭きとして活躍しています。適当な大きさに切り、端を縫ってできあがり。洗って何度でも使えます。

ガーゼをティッシュ代わりに

ガーゼを木製の器に入れて冷蔵庫の上に置き、口の周りや鼻水を拭くときなど、ティッシュ代わりに使っています。ティッシュより肌触りもいいし、洗って何度も使えるので無駄なゴミも出ません。

穴の開いたシャツをウエスに

このカットソーが大好きでした。ヨレヨレになってからもまだ着続けていましたが、穴が何箇所も開いてしまい、いよいよ寿命に。「今まで本当にありがとう」の気持ちをこめて、掃除に使ってから捨てます。

使わないものはすぐにまわす

娘の身体に合わなくなったベビー服やベビーグッズで状態のいいものは、友達にどんどんまわします。使わなくなったものは長く家に置かず、必要としてくれる場所で使ってもらいたいと思います。

何度も修理した「チーバ」の牛革バッグ

10年前に購入した「チーバ」のバッグ。私の身長に合わせてベルトの長さを短くしてもらったり、割れた金具の交換や内布の張り直しをお願いしたことも。たまにオイルを塗ると、しっとりして艶が出ます。経年変化を楽しみながら、これからも一緒に歳を重ねていきたいです。

「Organ」の牛革ポーチは、2つ持っています。明るい茶色のほうは、友達にプレゼントしてもらったもの。大切に使っています。

洋服も小物もメンテナンスで長持ち

お気に入りを身につけると、それだけで嬉しくて、幸せな気持ちになります。長く愛用するために、修理やお手入れをして使っています。

革製品は、経年変化を楽しみにしながら、メンテナンスを繰り返しています。お手入れには、「ラナパー」というオイルを使います。（P.125参照）これひとつで、①汚れ落とし、②保護・ツヤ出し、③撥水、④防カビの効果があります。スポンジや布にとって薄く塗るだけなので、簡単にできます。

「素敵だからずっと大切にしたい」という、ものへの愛おしい気持ちは、毎日を大切に過ごすこと、ていねいに暮らすということにつながっていくように思います。

ソールを交換しながら履くサンダル

「ビルケンシュトック」のサンダルは、ソールがすり減ったら、お店に修理交換をお願いします。直してもらったらこんなにきれいになって、また気持ちよく履けるように。たくさん履くので、数年前には金具のところも修理をしました。

ランドセルもお手入れ

息子のランドセルは、牛革製。一度金具が壊れてしまったので、購入したお店に持って行き修理してもらいました。戻ってきたときに、息子が自分でオイルを塗りました。自分でお手入れをすることで、ますます愛着がわくんじゃないかと思います。

破れたダウンジャケットを補修

ダウンジャケットに穴が空いたのですが、近所の洋服リフォーム屋では修理してもらえず、販売メーカーにお願いしました。3カ月程かかり、修理代は1500円くらい。破れていた部分がこんなにていねいに縫われていて、感動しました。

毛玉取りブラシをすぐ使える場所に

「浅草アートブラシ」の毛玉とりブラシは、とても優秀。生地を傷めずにきれいに毛玉をとることができます。気になったときにすぐ使えるよう、ウールのジャケットやワンピースを収納しているところに、一緒に吊るしています。

ホーローの小物を自分で修理する

ホーローの小物は見た目が美しく、使い勝手がいいので、あちこちで使っています。酸や塩分に強く、雑菌が繁殖しにくいそうなので、台所では、ぬか漬けを保存しています。

そのほかに、洗面所のキャニスター、バケツ、娘のおまるなどもホーローです。真っ白なので汚れが目立つし、プラスチックよりぬめりがつきにくいので、衛生的です。

ホーローはデリケートなので、できるだけていねいに扱います。それでもうっかりぶつけて欠けてしまったときは、鋳物がむき出しになり錆びやすいので、早めに自分で修理します。

安易に買い替えず、まずは直す方法を考えて、物と長くつき合っていきたいです。

「コトリワークス」で購入してた「野田琺瑯」のおまるです。お尻が冷たくないよう、布カバーをつけています。

むき出しになっていた鋳物の黒い部分を修理しました。私の塗り方が下手なせいで滑らかではありませんが、補修前よりは目立たなくなりました。

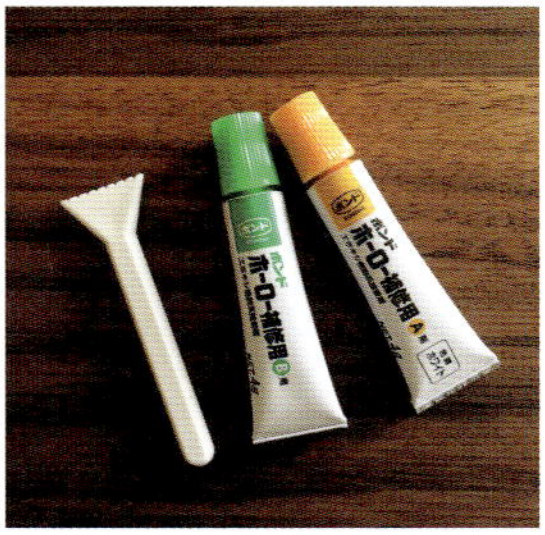

ホーローの補修剤。A剤とB剤を混ぜて付属のヘラで塗り、しっかり乾いたあとヤスリで少し磨きます。

形を変えられる家具は便利

なるべくものを増やさず、少ないもので工夫をしながら暮らしを楽しみたいと思っています。そのために、使いまわしできるもの、多機能なものがあると便利です。

たとえばうちのテーブルやソファは、来客があったときに、高さや使い方を変えて使うことができます。

以前、子どもの友達やママたち合わせて20人でホームパーティーをしたときは、テーブルを低くして座卓にチェンジ。料理を持ち寄って、みんなで座卓を囲んで、楽しい時間を過ごしました。椅子がたりなくても、大丈夫でした。

狭くて限られたスペースでも、有効に使って、いつでも人を呼べる家でありたいなと思います。

ベッドにもなるソファ

ソファは、真ん中で二つに分かれるしくみ。左右のソファを逆に置いて向きを変えると、奥行きが広くなり、ベッドとして使えます。両親が来て泊まっていくときなどに便利。ちなみにソファカバーとして使っている白い布は、実は布団カバー&枕カバーです。

高さを変えられるテーブル

ふだんは高くして、ミシンをかけたり、ソファに座るときに使っているテーブル（「広松木工」のものです）。脚のつけ方を変えると、座卓になります。ダイニングテーブル（P.28）も、同じように高さを変えられます。

家具はメンテナンスして美しさを保つ

わが家にある家具は、キッチンと洗面所のワゴン以外、すべて木製です。

なかでも無垢材オイル仕上げの家具は、木の肌触りがやさしくて温かみがあります。職人さんの手でていねいに作られた家具は美しく、長い年月を経て使いこむほどに味わい深くなっていくところも、いいなぁと思っています。

水や汚れに弱く、傷もつきやすいので、定期的にオイルメンテナンスをしています（ダイニングテーブルは普段水拭きをしているので3カ月に1回、その他は1年に1回くらい）。「ありがとう」の気持ちをこめて、大好きな家具のお手入れや修理をしながら、いつまでも大切に使っていくつもりです。

子ども部屋の机

子どもの机とスツールも、ダイニングテーブルと同じく「広松木工」のもの。ウォールナット無垢材、オイル仕上げで、思わず見とれてしまう美しさです。もしいつか、子どもがこの机を必要としなくなっても、私がずっと使い続けるつもりです。

ひとつひとつデザインの違う椅子

うちにある椅子は、ひとつひとつ座り心地とデザインで選んでいます。ベビーチェア（一番左）は、デンマークのリエンダー社製。耐荷重が大きいので、大人も使えます。

紙ヤスリとオイルで輝きを取り戻す

一番よく使うダイニングテーブルは、グラスのシミがついたり、傷がつきやすいので、度々お手入れをしています。紙ヤスリでこすったあとウエスで拭き、最後にオイルを塗って、数時間後にオイルを拭きとったらメンテナンス終了です。

▼

グラスのシミが目立つ場所には、紙ヤスリ＃240を使い、そのあと全体に紙ヤスリ＃400を使用。お手入れすれば、こんなにきれいになります。

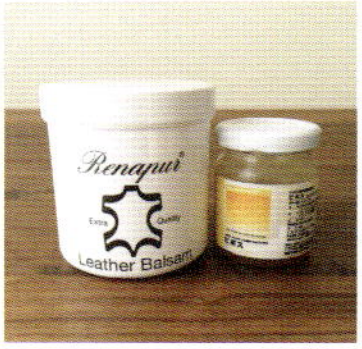

家具と一緒に家具屋さんで購入したリボス社の天然植物オイル（右）。そのあと、「ラナパー」というオイル（左）でお手入れすると、さらにツヤが出ます。

おわりに

「生活のメモ」というブログを始めて
3年目になります。
「シンプルで心地のよい暮らし」をテーマに
できごとや考えたことを
自分の生活のメモとして書き始めたのですが
少しずつ読んでくださる方が増え
そのことがすごく嬉しくて
今日まで更新を続けることができました。
なかには、わざわざメールをくださる方もいて
本当にありがたく
その内容に涙してしまうこともあります。
これからも、シンプルで心地のよい暮らしを
追求していきたい。
暮らしだけでなく、思考や人間関係もシンプルに。
人生をシンプルに歩んでいけたらいいなぁと
思います。

初めて本を出版することになって
この本を完成させるまでに
本当にたくさんの方が支えてくださいました。
本作りの大変さ、文章で伝えることの難しさに
私には無理なんじゃないかと
何度も心が折れそうになりました。
そんな私を何度も励ましてくださった
構成の臼井さん
私にお話をくださった
エクスナレッジの別府さん
ていねいに撮影してくださった
カメラマンの柳原さん
可愛いデザインをしてくださった
ＭＡＲＴＹ ｉｎｃ．さん
本当に本当にどうもありがとうございました。

そばで支えてくれた家族と友人にも
心から感謝しています。
そして
ブログを通じて応援してくださった方々と
この本を手にとってくださった方にも
感謝の気持ちでいっぱいです。
こんなに嬉しい気持ちを、私は一生忘れません。
皆様の毎日が、これからも楽しく
穏やかでありますようにと祈りをこめて。

中山あいこ

中山あいこ

岐阜県生まれ、東京都在住、34歳。
10歳の息子、0歳の娘を育てるワーキングマザー（事務職）。
家事も子育ても仕事も、「楽しむこと」がモットー。
料理は、作るのも、作ってもらうのも好きで、食べるのはもっと大好き。
身体にやさしくて簡単なレシピを、日々のごはんづくりの中で考案したり、
ずぼらな自分のために、掃除しやすい部屋づくりを実践中。

2013年にブログをスタート。

総アクセス数は300万PV以上。

シンプルで心地のよい暮らしをテーマに日常を綴る。

「生活のメモ」http://seikatsunomemo.blogspot.jp/

持たない　ためこまない　使いまわす

家事がラクになる
シンプルな暮らし

2016年5月30日　初版第1刷発行
2016年6月20日　初版第2刷発行

著　者　　中山あいこ
発行者　　澤井聖一
発行所　　株式会社エクスナレッジ
　　　　　〒106-0032　東京都港区六本木7-2-26

問い合わせ先
編集　Tel : 03-3403-6796
　　　Fax : 03-3403-1345
　　　info@xknowledge.co.jp
販売　Tel : 03-3403-1321
　　　Fax : 03-3403-1829